JN209785

国語授業イノベーションシリーズ

子どもの「全力」を育てる

国語科指導ことば50

土居正博
［著］

東洋館出版社

子どもの「全力」を育てる教師のことば

筑波大学附属小学校　桂　聖

たった一言で、子どもは「全力」になります。たった一言の繰り返しで、子どもは「成長」していきます。「国語科指導ことば」とは、国語授業において、子ども一人一人の「全力」を引き出し、「成長」を促す「教師のたった一言」です。

優れた教師は、これまでも、こうした「国語科指導ことば」を使っていました。しかし、無意識だったり未整理だったりして、教師それぞれの「センス」に任されていました。

例えば、同じ学年では、クラスが違っても、国語授業の学習内容は同じです。しかし、クラスによって「子どもの育ち」が変わります。「全力」で学ぶ子どもが育つクラスでは、「国語科教育」としての授業を進めると同時に、教師が「人間教育」の視点や方法を指導しているからです。

著者の土居正博先生も、新進気鋭の優れた教師の一人です。優れた教師が行ってきた「人間教育」としての「国語科指導ことば」を、「話すこと・聞くこと」「書くこと」「音読」「漢字」「読むこと」に分類・整理して、詳細に解説してくれました。あなたのクラスでも、ぜひ「国語科指導ことば」を試してみてください。きっと「教室の空気」がシャキッと前向きに変わっていきます。

ただし、気を付けておきたいことがあります。「国語科指導ことば」も、万能ではないことです。「国語科指導ことば」とは、教師の言葉がけ。いわゆる「ＨＯＷ ＴＯ（ハウ・ツー）」です。もちろん

「HOW TO」も大事です。しかし、土居先生による提案の一番大事なことは、言葉がけを支える背景です。例えば、言葉がけだけではなくて、「指導ことばの使い方や意義」「指導ことばのコツ」「NGことば」「指導ことばプ・ラ・ス」など、多角的に解説しているところが重要です。また、言葉がけは、巻末にあるように、多くの先行研究の成果を踏まえた重厚な提案になっていることにも注目してください。

つまり、言葉がけは、氷山の一角。最も重要なのは、海に隠れている氷山の土台、すなはち、言葉がけを支える「国語科教育の理論」「教師のあり方（TO BE）」です。

もしかしたら、土居先生ではうまくいっても、自分ではうまくいかないこともあるでしょう。国語科教育の本質的な理解が違うし、目の前の子どもも違うし、教師の個性も違うからです。

土居先生が本書で示してくれた「国語科指導ことば」の本質は、言葉がけを使うだけではなくて、その背景を理解した上で、教師一人一人が、言葉がけを自分らしくチューニングすることにあります。そして、今後の土居先生もそうされると思いますが、新しい「国語科指導ことば」を自分で創っていきましょう。

各地の教室で「国語科指導ことば」が創造的に実践されていくことによって、目の前の子どもたちの「全力」を引き出し、必ずや「日本の教育が変わっていく」と信じています。

※本書は「国語授業イノベーション」シリーズの第1号です。拙編著『「Which型課題」の国語授業』を原点の本として、一人一人の実践者・研究者が「日本の教育を変える」という精神をもって、国語授業の改革に挑みます。今後出版されるシリーズ本も、どうぞご期待ください。

まえがき

一般的には教師が授業で使う言葉は、発問・指示・説明の三つに分類されます。その三種類の言葉がけを基本にして授業を「進めて」いきます。それらなしに授業を進めることは不可能でしょう。

ですが、子どもを育てる、意欲をもたせる、認識を変える、などという観点で考えると、**必ずしも発問・指示・説明の三種類の言葉がけだけでは十分ではありません。**

このことを実感したのは、一年生を担任した時のことです。

子どもたちがなかなか話を聞けないことが私の悩みでした。友達が発言をしているのに、平気で手いたずらをしたり、おしゃべりをしたりしている子が多くいたのです。

そのような状況をどうにかしたくて、私は一生懸命教材研究をして、「発問」や「説明」をより興味深いものにすることで子どもが授業に集中できるようにしようと考えましたが、なかなか効果は出ませんでした。また、「きちんと友達の話を聞きましょう」と一般的な指示もしていましたが効果はありませんでした。

そこで私はある日、ある子どもが発言した後、**「今〇〇さんが言ったことを言える人?」**と尋ねました。多くの子どもがハッとしたのを感じ取りました。すかさず私は、**「他の人は本当に分からないの?　せっかく一生懸命言ってくれたのに」**と言いました。

初めの「今〇〇さんが言ったことを言える人?」は形としては発問ですが、「きちんと友達の話を聞きましょう」という指示よりも、「人の話をきちんと聞いて内容を把握してほしい」という「指導」したいことに即した言葉がけでした。友達の発言を再現させる発問は、子どもたちに緊張感を生み出しました。

続く「他の人は分からないの？」「せっかく一生懸命言ってくれたのに」は、発問・指示・説明のどれにも分類されない、子どもの情に訴えかける言葉がけでした。

これら、発問・指示・説明の枠に囚われない、指導の目的と子どもの実態に沿った言葉がけの効果は抜群でした。次から、パッと全員の手が挙がるようになったのです。

この経験から、授業を「進める」ための言葉がけとは別に、子どもを「育てる」ための言葉がけが存在することに気付いたのです。そしてそれは「話を聞きましょう」などの「一般的な指示」に収まらないことが分かりました。

本書では、そのような子どもを育てる言葉がけを紹介します。それを本書では**「指導ことば」**と呼びます。

本書で紹介する指導ことばは、国語科の授業で使用するものに絞ったものです。国語科指導ことばは、国語科授業に対する子どもの姿勢を変えます。その結果、確かな力を付けます。そして、それは他教科にも転移でき、最終的には学級経営にも好影響を及ぼします。

あなたも、国語科指導ことばを使って、子どもたちを育てていきませんか？

土居正博

もくじ

子どもの「全力」を育てる　国語科指導ことば50

書くこと

第1章

国語授業は「指導ことば」で変わる！

（1）授業で学級をつくろう！

「一年間もつクラスをどうつくるか？」これは、大半の先生方が日常気にかけていることではないでしょうか。

初任者の先生でも、ベテランの先生でも、「一年間クラスを保てる」ということは、死活問題だからです。それでも、昨今の難しい学校現場の実情を踏まえると、決して簡単なことではありません。

特別な支援を要する子どもが通常学級に在籍している。学力差が激しい。保護者から目をかけてもらっていない。雑務が忙しくて授業準備まで手がつかない……など、現場の教師が抱える困難は多岐にわたります。

その中、多くの先生方の関心が「一年間クラスをどうにか保てるように」というものになるのは、無理のないことです。

そこで、「学級づくり」と称し、様々なゲームや遊びなどの取り組みを通して、子ども同士の関係をつくっていくことに力を入れる実践が、広がりを見せています。

それでは、ゲームで子ども同士の関係をつくり、よい雰囲気をつくりさえすれば、よいクラスをつくれるでしょうか。

私は、学校生活の大半を占める**「授業」が充実したものでなければ、一人ひとりの子どもたちにとっての学校生活は決して充実したものとはなり得ない**と考えます。

理由は、簡単です。子ども同士の関係性、よい雰囲気がある「だけ」のクラスでは、子どもはクラスへの愛着、所属感は得られますが、そこに**一人ひとりの成長が保障されていないから**です。

学校という場が学び舎であるためには、そこに通うことで、何らかの成長がなければいけないのです。子どもを成長させるのは、基本的には授業であるべきです。やはり、授業を通した子どもの成長なくして、学校の存在意義、ひいては教師の存在意義はなくなってしまうのではないでしょうか。

そこで**「授業を通して学級をつくる」という意識をもつべき**です。

例えば、授業では、他の子どもの意見を聞き、それを理解したり、自分でも説明できたりする力を育むために、指導を行います。

このような「話す・聞く」力の指導は、果たして授業場面に限定されたもので、いわゆる「学級づくり」とは全く関係のないものでしょうか。

友達との関係もしっかり話を聞くことで成り立っていきます。これができなければ、難しい話題での討論など夢のまた夢です。意見を言い合って、互いに考えを深めていくクラスなどつくることができるはずがありません。クラスの中のどんな子の話にもしっかり耳を傾けることは、平等なクラスをつくる上でも重要です。また、「〇〇できる人？」と教師から尋ねられたら、無理難題でない限り、「はい！」と立候補するようなたくましい子を育てたいものです。

このように、**授業場面に行う指導であっても、全て「学級づくり」に関わってくる**のです。むしろ、この指導は授業だけ、この指導は学級づくりだけ、と切り離せる指導の方が珍しいでしょう。

そうであれば、授業は毎年千時間以上行うわけですから、授業を通して学級をつくっていった方が効率的でもあるのです。

例えば、授業で一人ひとりを伸ばし、一人ひとりの意見を尊重し合う態度を育てられれば、それ以外に時間をかけ、取り立てて「みんな平等である」というようなことを指導しなくても、勝手に平等で公平な関係性を築けていくのです。

問題は、教師側に、「授業を通して学級をつくる」という観点があるかどうかです。

それがなく、「学級づくりは学級づくり」「授業は授業」と切り離して考えてしまっていては、育てられるものも育てられず、時間だけが無駄に過ぎ去っていきます。授業を単に学力を伸ばす時間とだけ考え、学級づくりの観点がないと、聞き合い、話し合うような授業に繋がっていかず、結果として学び自体の質も落ちてしまいます。

授業で子どもを伸ばすことを第一に考えつつ、同時に学級をつくる。これこそが、最も効率よく子どもを伸ばし、学級をつくる方法です。

クラスにいて楽しい、心地よいということは当然として、「今までは読むのが苦手だったけれど、今年は好きになった！」とか「漢字が苦手だったけれど、勉強の仕方が分かって、テストでも点がとれるようになった！」という、一人ひとりの子どもの達成感や成長をいくつ築けるか、が本当に大切なことです。

極端な話、仲よしのクラスをつくったところで、どうせ一年間経てば解散してしまいます。一方、子どもに授業で力を付けることができれば、それは生涯使えるものとなります。

どちらが本当の教育の「目的」なのかは、一目瞭然です。

このように、教育の本来の目的である、子どもに力を付けることに直結した授業に力を入れ、同時に学級をつくっていきましょう。

そして、私は、「**授業**」の**中でも特に国語科の授業でこそ、学級をつくることができる**と主張します。

本書では、国語授業で学級をつくるための指導技術を紹介していきます。

(2) 国語科の授業でこそ学級をつくれる！―なぜ「国語科→全教科」なのか―

国語科の授業でこそ、学級をつくることができます。

本項では、その理由について述べていきます。

まず、国語科の授業は時数も多く、ほとんど毎日あります。

特に一年生や二年生では、一日に二時間もあるのです。その膨大な時間を、漫然と教科書を教えるだけの授業をするのと、授業を通して子どもを育て、学級をつくる！という意識で授業をするのとでは、非常に大きな差がつきます。

これが他教科であれば、毎日その教科の授業があるわけではありません。**国語科は授業時数の多さという面で、学級をつくるということに関して有利**なのです。

また、**国語科は他の教科の学習にも必ず使われる力を培う、「基礎教科」でもあります。**そんな国語科の授業で子どもに達成感をもたせ、力を伸ばすことができれば、子どもは他の授業でも次ページの写真のように力を発揮します。

例えば、算数の考え方の説明をする場面。子どもはノートに自分の考えを書きます。この際、図などを用いながら「書く力」が使われます。そしてそれを発表する際、「話す・聞く力」が使われます。他教科の授業も多くが言語活動で成り立っているのです。

【一年生　図工の作品カード】
びっしりと、自分の思いを書いています。

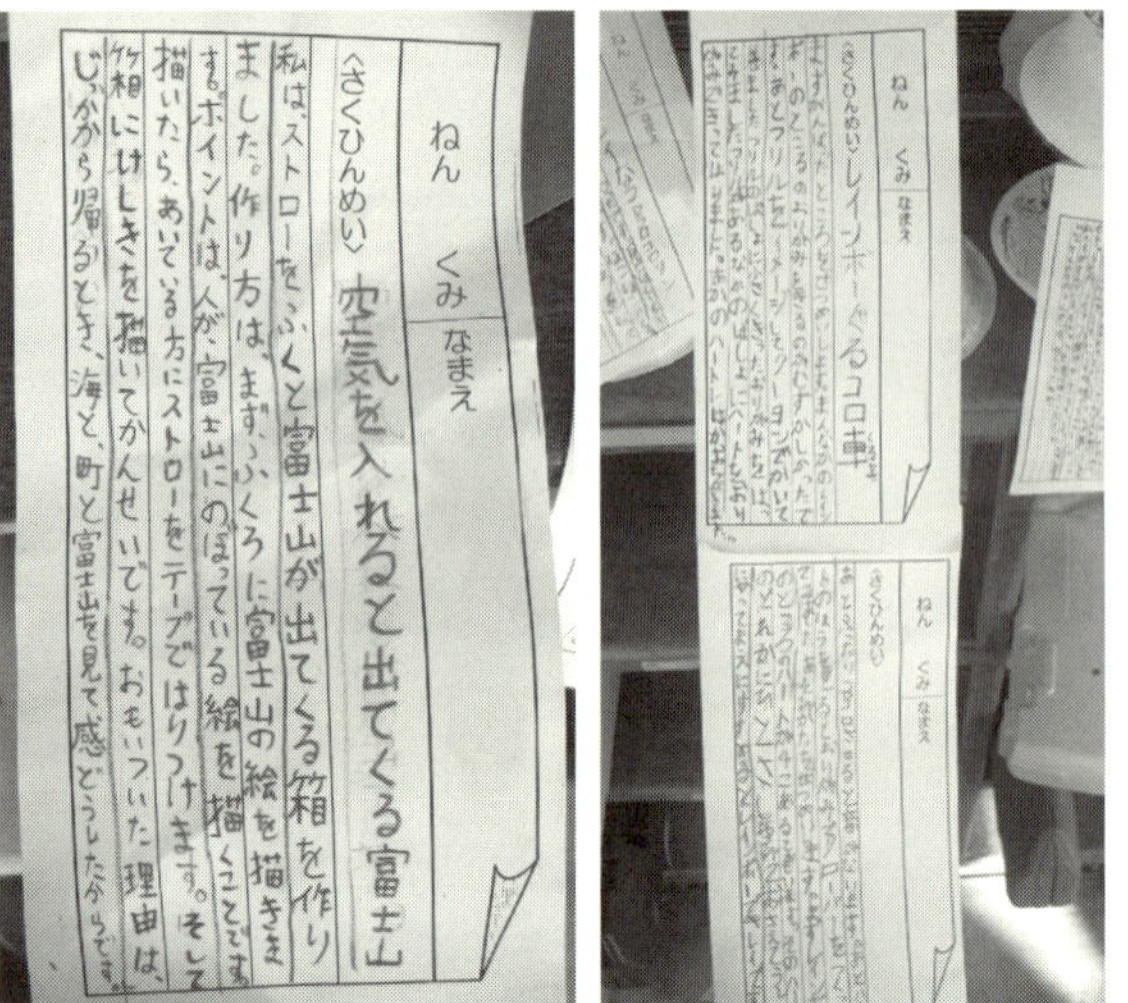

【拡大した作品カードの一部】

【６年生　算数ノート】
土居学級で必ず取り組む、単元終了時の「説明問題」

比例とは何か。反比例とは何か。
例をたくさん挙げながら表や図絵などを使って分かりやすく説明しなさい。

例題①　積み木を用意します。積み木１コにつき10ｇです。積み木の個数と重さの関係を表しなさい。また、積み木はどれも同じ形、同じ大きさです。

表にしてみます。

つみ木の個数(こ)	1	2	3	4	5	6
つみ木の重さ(ｇ)	10	20	30	40	50	60

１コが10ｇ、では２コでは10×２＝20ｇ、３コでは10×３＝30ｇ…となります。ですから、左のようになります。

×2					
1	2	3	4	5	6
10	20	30	40	50	60
×2					

個数が２倍になれば、重さも２倍。個数が３倍になれば重さも３倍です。

このように、一方が２倍、３倍…となった時、もう一方も２倍、３倍…となる関係を比例といいます。

例題②　面積が24cm²の長方形をつくります。縦と横の長さ、それぞれ必ず整数でなくてもいい事として、縦・横の長さの関係を表しなさい。

これも、表にしてみます。

縦の長さ(cm)	1	2	3	4	5	6
横の長さ(cm)	24	12	8	6	4.8	4

面積が24cm²で縦は１cmなら、横は24÷１＝24cm。縦が２cmなら横は24÷２＝12cm。縦３cmなら横は24÷３＝８cmです。ですから、左のようになります。

×2					
1	2	3	4	5	6
24	12	8	6	4.8	4
×1/2					

縦が２倍になれば横は1/2倍。縦が３倍になれば横は1/3倍です。

このように、一方が２倍、３倍…となった時、もう一方も1/2倍、1/3倍…となる関係を反比例といいます。

〈まとめ〉
比例…一方が２倍、３倍…となる時もう一方も２倍、３倍…となる関係のこと。
反比例…一方が２倍、３倍…となる時もう一方は1/2倍、1/3倍…となる関係のこと。

【５年生　社会科テスト】
学習の感想をびっしりと。

【５年生　家庭科ワークシート】
自分の考えたことを深く、たくさん書いています。

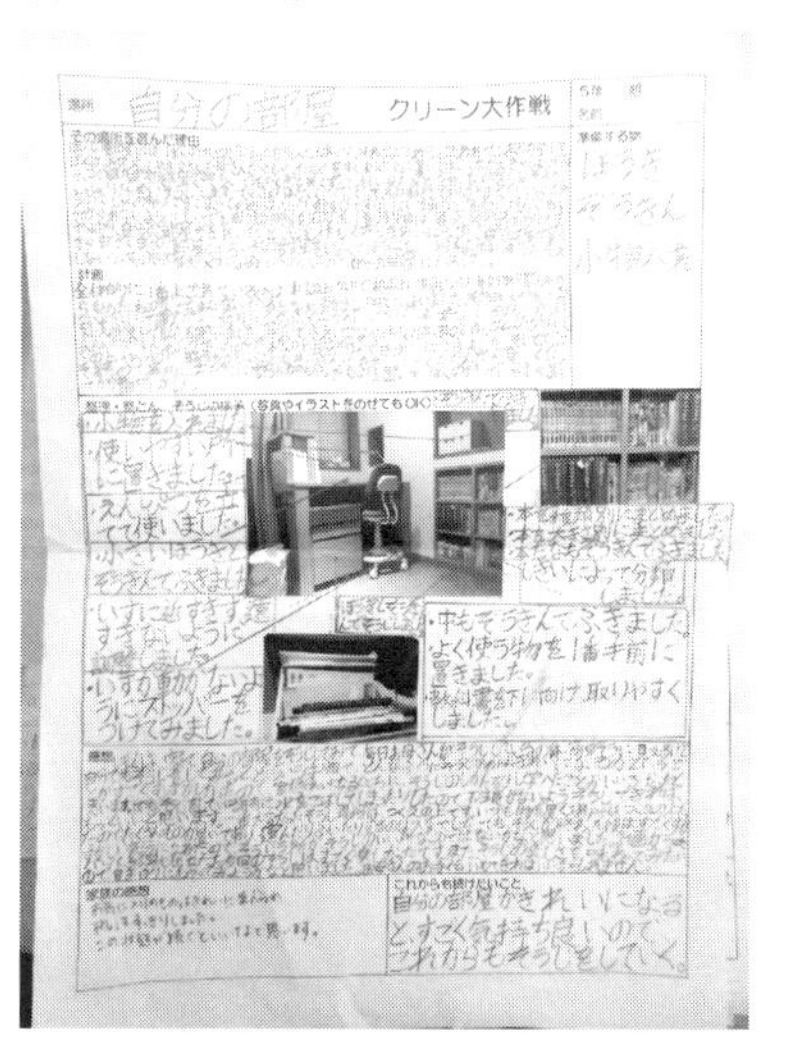

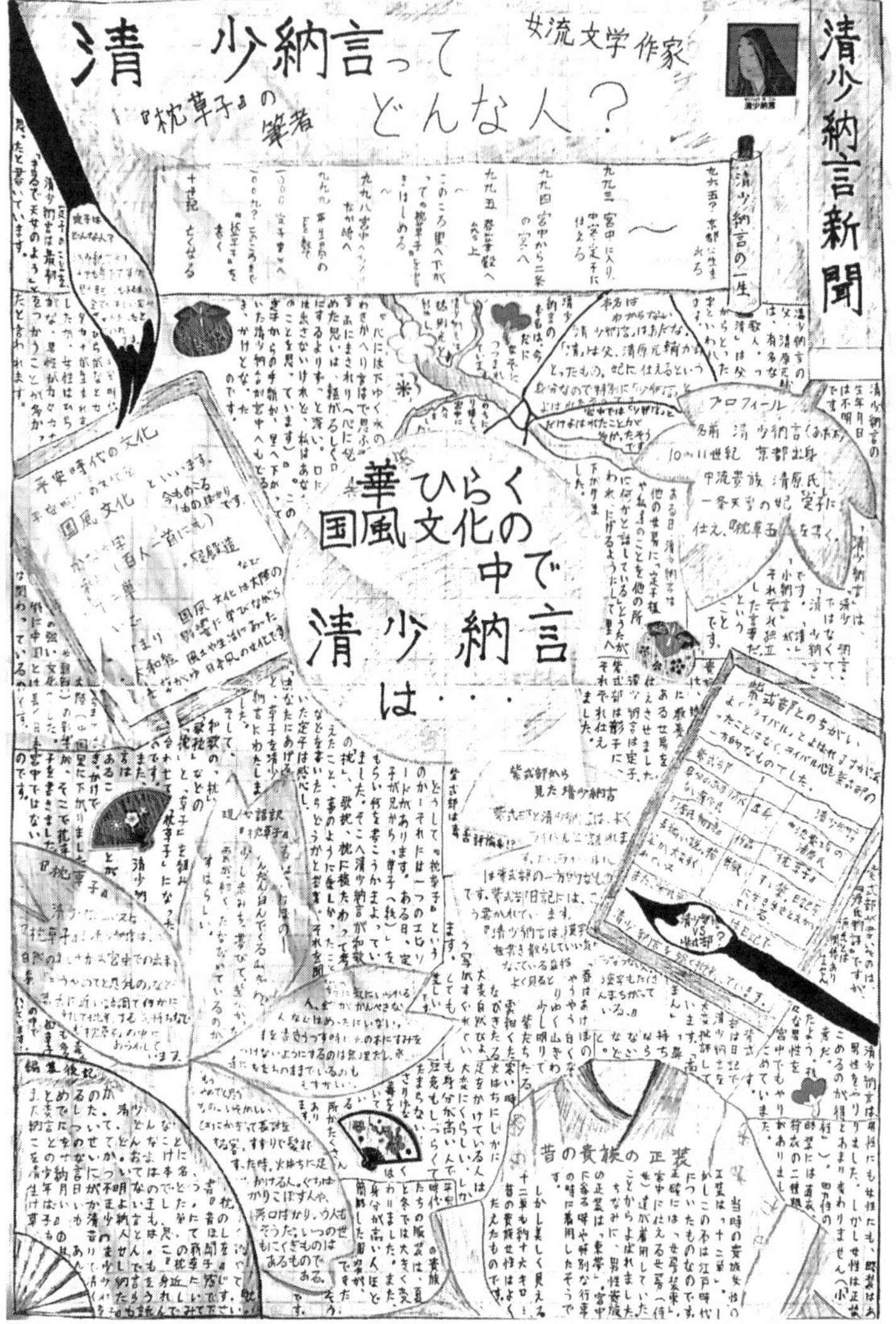

【六年生　社会科新聞】
五ミリ方眼で一マス一文字で書いています。

このように言葉の力を伸ばす国語科は、他教科の授業をも支えているのです。

国語科の授業で子どもを伸ばすことができれば、学級経営もほとんど成功する、といっても過言ではありません。現に、私は国語授業に力点を置いて教師生活を過ごしてきましたが、学級経営で困ったことはほとんどありません。

とはいえ、「じゃあ、国語授業でどうやって子どもを伸ばし、学級をつくるんだ」とお思いでしょう。

そこで、「国語科指導ことば」の出番なのです。


「国語科指導ことば」とは、普通の言葉がけとは違って、子どもにより響き、子どもたちのやる気を引き出し、国語授業を達成感を得られるものに変える言葉です。


一人ひとりの子どもが伸び、達成感を味わえれば、学級でさしたる問題は起こりません。本書では、そんな「国語科指導ことば」を50事例紹介します。

次の項で詳しく述べますが、一般に国語科の授業は子どもが達成感をもちにくく、教師も何を教えたらよいか分からない、と言われます。

ですが、**実はほんの少し、国語授業の特性と「指導ことば」を知ることであなたの国語授業は大きく変わる**のです。

本書をお読みになっていただき、その「ほんの少し」の工夫をこらして、国語授業を変えることで、「今度の先生は一味違う！」と子どもに思ってもらえるのです。そして、ほとんど毎日、国語授業は行われるので、その「効果」は絶大なのです。

例えば、音読の指導ことばを使い、子どもたちの音読に対する姿勢を変えます。指示しなくとも、家で何度も練習するようになります。また、他の授業で音読する際にも、しっかり読めるようになっていきます。そして、「音読」に全力を出して取り組むようになった子はやがて、他の教科、学校生活にもその力を派生させていき、全力で取り組むようになっていくのです。

一方これが、何も指導を入れないと、「ただ声に出して読むだけ」の活動です。それでは子どもはやる気を出しませんし、達成感を得ることもないのです。やがて意欲をなくしていき、ぼそぼそと力なく読むだけになります。それでは、毎日授業時間を無駄にしているのと同じです。


毎日の国語授業を通じて、他教科の基盤にもなる力を子どもたちが実感できるように育て、同時に学級もつくっていく。そのための「国語科指導ことば」こそが、本書の提案です。

そのためにはまず、一般的な国語授業にどのような問題があって、それゆえに国語科で身に付けるべき力が不十分で、学級づくりにもつながりにくいのか、そのことを説明していきたいと思います。

(3) 一般的な国語授業の問題点とは何か

先に、「国語授業の特性と指導ことばを知ることで、あなたの国語授業は大きく変わる」と述べました。

この項では、「国語授業の特性」について述べていきます。

残念ながら、**一般的な国語授業は、子どもが達成感を得にくい**ものになっています。ここでいう、「一般的な国語授業」とは、指導書に記載されているような授業を指します。

そもそも子どもは、どんな時に達成感を得るのでしょうか。

私は次の二点が非常に重要だと考えています。

- ・できている、できていないの「基準」が明確なこと（短期的な視点）
- ・今学習していることが今後役立つこと（長期的な視点）

短期的に見て、自分が「できた！」と思えて、達成感を得られる時は、「○○ができる」というようにその課題の基準がハッキリしている時です。

例えば、体育の水泳。この場合、「基準」はハッキリしています。「25メートル泳ぐ」という目標があった時、プールの手前側からスタートして、向こう側に行ければ、「基準クリア」となり、達成感を得ることができます。逆に、途中で脚をついてしまえば、それは基準に満たなかったということになり、失敗です。

「基準がハッキリしている」ものでは、それに挑戦し、クリアしたかどうかが自分で分かりやすいのです。体育の他にも算数、音楽、家庭科などがこれに当たるでしょう。

ここでいう「基準」は、一時間や一日などといった、短期的な視点からの「達成感を得やすいかどうか」という視点で検討したものです。授業が45分（50分）という短時間に定まっていることから、自分の一時間の授業が、子どもたちにとって「達成感を得やすい」ものになっているかどうかを検討するのに便利な視点です。

一方、一ヶ月や数ヶ月、はたまた一年間をかけて得られる達成感もあります。それは、**「今自分がしていることが後に役立つ（役立った）」ということ**です。

「あの時学習したことが、今日役に立った！」

「あの時学習したことは、こういう風にも使えるのか！」

こういった経験をすると、達成感を得られ、授業に対する意欲も格段に上がります。

このように、「短期的」に見て「できる、できない」の基準が明確であり、「長期的」に見て学習していることが今後役立つということが、子どもにとって達成感を得られる、充実した授業と言えます。

さて、国語科の授業はこの二つの条件は満たしているのでしょうか。

実は、一般的な国語授業では、この二点が決定的に欠けています。

まず一点目の「基準が明確かどうか」という点に関して、です。一般的な国語授業では、「基準」が明示されていません。

例えば、「読むこと」の授業で、「二場面の主人公の心情について話し合おう」という学習課題の授業があったとします。

その授業において、**具体的に「どのような読みをすれば、できているのか」という基準は、子どもに**

とって非常に曖昧です。厄介なのが、子どもはおろか、**教師にとってもその基準が明確でない場合も多々あるということです。**

教師にとって基準が明確でなければ、何をもって学習課題を達成したと言えるのかも、明確になりません。そのため、心情についての話し合いをしたとしても、「その意見もいいね。この意見もいいね。どの意見もいいね」という「何でも正解」の授業になってしまいます。表面上は自分の意見を認められている子どもたちも、せっかく真剣に考えたのに、「どれも正解」では、歯ごたえがないというものです。これでは達成感を得られるはずがありません。

次に二点目の「今学習していることが今後役に立つかどうか」という点です。残念ながら、この点も、一般的な国語の授業では欠けていると言わざるを得ません。

例えば、全ての教室の国語の授業で取り入れられているであろう「音読」を例にとってみましょう。皆さんの教室では、子どもたちは意欲をもって音読に取り組んでいるでしょうか。低学年であればともかく、高学年にもなってくると、音読に対してモチベーションが下がってきます。一見単純で、将来何の役に立つかどうかも分かりにくいからです。この場合も、教師自身が音読を読解のオマケのようなものだと捉えていることがあります。

そうすると、子どものモチベーション低下に拍車がかかります。このような背景から、高学年のクラスで、音読をハリのある声でしっかり行っているクラスは、残念ながら少ないと思います。

このように一般的な国語授業では、子どもたちが達成感を得にくい構造になっていると言わざるを得ないのが現状なのです。

（4）国語授業の問題点を指導ことばで克服する！

このような国語授業の問題点は、指導ことばで克服していくことができます。

まずは、一点目の「基準がない」という点です。

先に挙げた、「二場面の主人公の心情について話し合おう」という学習課題の授業で、基準がない「何でも正解」の授業の例を考えてみましょう。

例えば、指導ことば44の「国語には不正解があります」ということを子どもたちに伝え、出された意見の根拠と理由をみんなで検討していくようにするのです。そうすることで、授業にハリと緊張感が生まれ、**「意見に根拠と理由があるか」という基準ができる**ことになります。

「何でも正解」で緊張感と基準のない授業では、子どもは本文をしっかり読み込もうとさえしません。しかし、「基準」のある授業では、子どもは自ら本文を真剣に読み込むようになります。それは、「根拠と理由がしっかりある」という基準のもと、できる限り自分の意見を正解に近付けようとするからです。

このように、本当にちょっとした言葉がけですが、**指導ことばは、国語授業に「基準」を与えること**を指針としています。

次に二点目の「今学習していることが今後に役立つかどうか」という点です。

こちらも先に挙げた、高学年になっても単純にやらされるだけではモチベーションが下がってきてしまう「音読」の例を考えてみましょう。音読の意義が分からず子どもたちのモチベーションが上がらない時、指導ことば34「音読が上手い人は、文章を深く読めます」で音読の意義について伝えます。音読が上手な子ほど、読解力が高いという科学的なデータや文献を示すことで、子どもたちに「音読が将来どのように役立つか」を理解させるのです。

もちろん、これだけではだめです。指導ことば31「もっと息を吸いなさい」のように「息を吸う」ことを意識させてはっきり読むようにしたり、37「句読点だけで休みます。それ以外は一息で読みます」のように句読点とリズムを意識させたりすることで、よい音読の「基準」をしっかり設定します。そうすることで将来役立つことを知ったことと相まって、やる気満々で取り組むようになり、達成感を得られるようになります。

このように、ちょっとした指導ことばを知っているだけで、**国語授業で子どもたちが取り組んでいることに対して「意義」を見出させることもできる**のです。

なぜ、このように指導ことばは、国語授業の問題点を克服できるのでしょうか。

それは、指導ことばを生み出す背景にある、**教師が子どもをこのように育てたいという子ども像が具体的で「基準がハッキリしている」ことと、教師が正しい国語科教育の知識をもっていて、「今学習させることがどう今後に繋がっていくか」をきちっと把握しているから**です。

例えば、先に挙げた指導ことば44「国語には不正解があります」の場合、「叙述から根拠を拾い、理由付けをした確かな読みをさせたい」という教師が目指す子ども像がはっきりしています。だからこそ、「基準」をはっきりさせることができ、子どもにとっても「基準」がはっきりし、結果的に達成感を得やすくなるのです。

また、指導ことば34「音読が上手い人は、文章を深く読めます」の場合、「音読は読解の基礎となる」という国語科教育学の知見を教師がしっかり知っているからこそ、それを子どもに「学ぶ意義」として伝えることができ、結果的に達成感を得やすくしているのです。

このように、**何を教えるのか曖昧な国語科だからこそ、教師が育てる子ども像をはっきりさせ、国語科教育について学ぶことで、子どもに指導すること、求めることが明確になったり、子どもに学ぶ意義を伝えられたりすることができるようになり、結果的に子どもにとっても達成感を得やすいものになる**のです。

(5)本書で紹介する「国語科指導ことば」の特質

ここまで、「授業で学級をつくること」「国語科で学級をつくり、全教科の授業に生かしていくこと」「国語授業の問題点を指導ことばで克服していくこと」について述べました。

最後に、「国語科指導ことば」の特性についてもう少し詳しくまとめておきます。次の五点を意識していただくことで、効果的に使っていただけることを願っています。

①指導ことばは、実際の授業場面で使う(特別な活動ではない)

基本的に本書で紹介する指導ことばは、普段の授業中いつでも使えます。先に述べたように、国語の授業中だけでもありません。他の教科の授業中に使えるものも多くあります。指導ことばは、特別な時に使うようなものではありません。普段の授業中に子どもにかける言葉をほんの少し工夫するだけで、子どもが変わるのです。

②指導ことばは、子どもの実態に合わせて使う

指導ことばは、子どもが今どれくらいの育ちなのか、状態なのかに合わせて活用しましょう。例えば、人の話を全く聞けない状態なのに、指導ことば６の「今、○○さん（先生）が言ったことは、つまり……?」と話の要約を求めても、全く通用しません。これは、それまでの指導である程度、話を聞くことができてきて、やっと「次のステップ」として機能する指導ことばなのです。

このように、子どもの実態に合わせて使うことで、指導ことばはその力を発揮します。

③指導ことばは、子どもをどう伸ばすか、どう育てるかという「理想像」から生まれる

指導ことばは、ただ単に他の言葉がけと「ほんの少し」違って、子どもに〝響く〟というだけではありません。〝響く〟だけではなく、〝伸び〟、〝育つ〟のです。それは、教師が「子どもにこうあってほしい」という「理想像」を設定し、そのように育ってもらうために工夫された「ことば」だからです。

例えば指導ことば12では、「先生の方だけを見て、ピシッと手を挙げましょう」という言葉がけをしてもらいたい」というものです。しかし、本当の教師のねらい（理想像）は、「自分の意見をもち、堂々と主張できる子になってもらいたい」というものです。他の人をきょろきょろ見ながら手を挙げることを禁止することで、子どもが自分の意志をしっかりもつ子に〝育って〟いくのです。

④指導ことばは、「間接的」から「直接的」に向かう

指導ことばは、基本的には「間接的」な指示です。岩下修先生の『Aさせたいなら Bと言え』(明治図書出版、一九八八年)に通ずるものがあります。直接的な指示は、子どもにとって難しいのです。例えば、「たくさん書きなさい」と直接言われて、子どもが皆できれば世話はありません。しかし、そうでないのが現状です。そこで、間接的な指示で考えさせるのです。いわば、「間接的な指示」は、子どもにとって教師からの「支援」でもあります。

ですが、いつまで経っても教師からのその「支援」をあてにしていては、子どもは自立しません。そこで、その「支援」を外していくことも考えていきましょう。例えば指導ことば10「今の○○さんの意見に対してどう思うか。言える人?」は、それまでの指導ことば1~9を踏まえた上で、あえて「直接的」に問うものです。これができれば、他の場面でもしっかり意見を言えるくらい、自立していると言えるでしょう。

⑤指導ことばで育てた力は、他の教科の授業にも転移させてこそ本当の力となる

再三述べてきていることではありますが、本書で紹介している指導ことばで育てた力は、国語科の授業のみならず、他教科にも転移させることができます。むしろ、他の教科に転移させてこそ、本当の力となっていきます。国語科の授業でのみ、たくさん書いたり、話し合ったりしていても、他の教科においてもそのような姿を見せるようでなくては「本物」ではありません。本書で紹介する指導ことばで育てた力は、他の教科にもどんどん転移させていってください。特に二章の初めの方に紹介している「話

す・聞く」や「書く」は他のどの教科の授業でも使う力です。国語科の授業で、指導ことばを使って育てた力で各教科の授業のレベルアップも図れるのです。

⑥指導ことばは自分で創りだせる！

国語科においては、指導する教師側が、**育てる子ども像をはっきりさせることで「基準」を明確にしたり、国語科教育について学ぶことで「系統性」などを把握したり**することが大切だと述べました。本書に紹介される指導ことばは、この二点を踏まえて私が創りだしたものです。中には、先行実践に似たものもありますが、**この二点を「意識的に」押えているということに注目してください。**ということは、「子どもに求める基準を明確にしよう」とか「子どもに今学習していることの意義を伝えよう」とあなたが「意識」するようになれば、今度は自分で指導ことばを創っていくこともできるのです。

＊　＊　＊

次章では、これらの考えに基づいて私が提案する指導ことばを、50事例ご紹介していきます。それぞれ、他の教科に転移しやすい、基礎的なものから順に、系統性を意識して「話す・聞く」「書く」「音読」「漢字」「読む」の五つに分類しています。それぞれで大事にしたい指導ことばの目的やポイントについては、各総論で説明していますので、ご参照ください。本書でご紹介する指導ことばや、あるいは、ご自分のクラスの子どもとつくっていくオリジナルの指導ことばを通じて、国語の力を育むと同時に、学び合うクラスをつくることができる、そんな国語授業を、ぜひ実現してください。

第2章

授業で使える「指導ことば」50

「話すこと・聞くこと」指導は、「その場主義」が基本である

「話す・聞く」という行為は、音声言語を介して行われます。紙などに残る文字言語と違い、音声言語は、その場で発生しては消えていく、という特徴があります。

そのため、**「話す・聞く」の指導は、「その場主義」で指導する**ということを意識しましょう。つまり、子どもたちが話したり、聞いたりした「直後」にすぐ指導するということです。

そうではなく、子どもたちが話したり、聞いたりしていたのが終わった後しばらくして、「さっきのことだけど……」と指導を入れても、その時交わされた音声言語は消え去っていますから、なかなか思い出しにくく、振り返りにくいのです。

そのため、「その場主義」で「直後」に指導ことばを使用するのが、最も有効です。

さて、「話す・聞く」の指導ことばを全部で20事例紹介しています。

「話す・聞く」という行為は表裏一体であるため、厳密には切り離せませんが、1～10が「聞くことに

重点を置いた指導ことば」で、11～20が「話すことに重点を置いた指導ことば」に対応するとお考えください。

子どもたちの「話す・聞く」力を高めていく上で重要なことは、まず、1～10の「聞く」指導ことばを有効活用しながら、子どもたちの「聞く力、姿勢」を育てていくことです。話し手は聞き手がいてこそ成立するからです。大人であっても、相手がしっかり聞いてくれている、と思えれば進んで話せますが、そうでなければ話す気もなくなってしまうものです。

「聞く」指導ことばは、学級の実態や子どもの特性によっても異なりますが、1から10にかけて「易→難」という配列になっています。一つひとつをバラバラに使うのもアリですが、それよりも、「これができたから次はこれ」というように、計画的・段階的に子どもたちの「聞く力」を高めていきましょう。

そうすれば、子どもたちの「話す力」も自然と高まっていきます。なぜなら、**「聞く」指導ことばといっても、「〇〇言える人？」と「話さ」せることで聞いたことの表現を求めている**からです。つまり、聞いたことを話すことで、聞く力、話す力が同時に高まっていくのです。

「話す」の指導ことば10個は、指導ことば11「ここ、音読できる人？」など「みんなの前で堂々と声を出す（話す）」ためのものから、指導ことば18「話し合いのいいところを見つけよう」など「話し合いの質を高める」ためのものまで、様々なものを用意しました。子どもたちの実態に合わせて、「ここが少し足りないんだよなぁ」と思うところを育てるつもりで、指導ことばを選んで使用してみてください。

ねらい

友達の発言を聞き漏らさない態度と技能を付けさせる。
聞いたことを再現できる技能を付けさせる。

話すこと

聞くこと

こんな場面で

・聞いてさえいれば、絶対に分かる内容を言った時。
・授業のキーになる発言が出た時。

「今、○○さんの言ったことを言える人？」

NG ことば

よく聞きましょう。

聞いていましたか？

なぜ聞いていないの!?

指導ことばの使い方や意義

よく、教師は「友達の話をよく聞きましょう」と指導します。しかし、子どもたちはそんなこと、小学校で何百回も言われてきています。**そのような状況では、ある程度「ショック」が必要です。**それを与えるのがこの指導ことばです。

また、「話している友達の方に体を向けて話を聞きましょう」など、型を指導することもあります。一見、よく聞いているように見えますが、実はぼんやり体を向けているだけの場合もあります。この指導ことばで、友達の発言を「再現」させてみると、実はぼんやりとしていてよく聞いておらず、再現できないことがあるのです。

話を聞くという行為を、「静かに聞くこと」などといった「受動的な行為」でのみ捉えず、「聞いたことを言える」という「主体的な行為」ができてこそ話を聞けたと言える、とする価値観を子どもに伝えていきましょう。

指導ことばのコツ

- 使うのは、ここぞ、という時。何度も使うと、子どもが慣れてしまいます。
- 難しい内容の発言の場合、聞いていても言えない（再現できない）場合があるため、使い方に注意しましょう。
- 低学年の場合、「〇〇さんは勇気を出していったのにねぇ」と情に訴えると効果抜群です。

指導ことば プ・ラ・ス

「本当に分からないの？」

「〇〇さんの言ったことを言える人？」と尋ねた時、手を挙げていない子に突っ込むことも重要です。たった一人でも逃さず聞かせる、という意気込みが教師には必要です。聞いていたのに言おうとしない「サボリ」を防ぐのです。

指導ことば

2

ねらい

友達や教師の話の内容を全員にもう一度話させることで、聞く力を全員に保障していく。

話すこと

聞くこと

こんな場面で

・「○○さんの言ったことを言える人?」での挙手が（ほぼ）全員になってきた時。
・少し長い発言（話）の後。

「今、○○さん（先生）の言ったことを隣の人に話してみて。」

NG ことば

皆、しっかり聞きましょう。

聞いていましたか?

分かりましたか?

指導ことばの使い方や意義

前ページの「○○さんの言ったことを言える人?」をきちんと取り組むと、しっかり手が挙がるようになってきます。次は、友達や教師の話を「再現」させる機会を多くの子に与えていくべきです。

「言える人?」と尋ね、全員の前で発言すること自体も、「やれることはやるぞ!」という積極性を伸ばしたり、人前で話す度胸を付けたりするという観点で重要ではあります。しかし、それだと一人か二人にしか「再現」する機会を与えられません。そこで、隣の子に話させることで、**全員に「再現」する機会を保障する**のです。聞いたことをもう一度自分の口で再現する、という行為は、自分が話を理解できているかどうか確認できる、最もシンプルで分かりやすい行為です。それを全員できるようにしていくのが、この指導ことばなのです。

指導ことばのコツ

- 「○○さんの言ったことを言える人?」と聞いてクラスのほとんどが立候補(挙手)するようになっていったら、「再現」の機会を全員に保障するため、随時取り入れていきましょう。
- 再現し終わったら、二人で前を向く、などのシステムを指導しておくと、スムーズに行え、授業の進行を妨げずに行うことができます。

指導ことば
プ・ラ・ス

「内容が合っていれば短くてもいいよ」

目的は、聞いた話を自分の言葉で再現することですから、少し長い発言(話)であれば、完璧に再現することよりも、内容が合っていることを目指すようにすることで、しっかり話の内容を聞き取る力を付けさせることができます。

ねらい

たくさんの意見が出されていく中でも、一つひとつの意見を理解し、覚えておこうとする態度と技能を育てる。

話すこと

聞くこと

こんな場面で

・自分の発表に精一杯で、人の発表を聞いていない時。
・多くの発言が出た後、注目すべき発言を思い出させる時。

「〜〜〜」と言ったのは誰だったか分かる人？

NG ことば

友達の発言、聞いておきましょう。

よく聞いておきましょう。

友達の発言を覚えておきましょう。

指導ことばの使い方や意義

学習課題に対する自分の考えをもたせ、それを発表させていくと、たくさんの意見が出され、子どもは自分が発表するのに精一杯になり、友達の発言をあまり聞いていない、という状態に陥ることがあります。そのような状況を放っておいては、「発表のし合い」から「話し合い」に発展することはありません。まずは、友達の発言に対してしっかり聞いておき、それを覚えていることが求められます。

そこで、「友達の発言もよく聞いておきましょう」とか「覚えておきましょう」と指示しますが、なかなかそれでは子どもはしようとしません。まずは、たくさんの意見が出され、板書した後、黒板を指差しながら、「この発言をしたのが誰か分かる人？」と尋ねることから始めていきます。発表の後でこのように聞かれると知ると、子どもは友達の話をしっかり覚えようとします。

指導ことばのコツ

- 初めは意見が三つほど出された後に、一番初めの意見を誰がしたか分かるか尋ねる程度のところからスタートしていきましょう。
- 「分かる人？」と尋ねて一人に言わせるほかに、「指差しましょう。せーの」と指示することで、全員に問うこともできます。

指導ことばプ・ラ・ス

「先生と本人以外は忘れているか……。残念ですねぇ」

子どもは適度な「挑発」が非常に好きです。このように投げかけ、残念そうな顔をすれば、きっと子どもたちは燃えます。教師も子どもも楽しみながら、話を聞き取る力を高めていきたいものです。

ねらい

たくさんの意見が出されていく中でも、一つひとつの意見を理解し、覚えておこうとする態度と技能を育てる。

話すこと

聞くこと

こんな場面で

・自分の発表に精一杯で、人の発表を聞いていない時。
・多くの発言が出た後、注目すべき発言を思い出させる時。

「○○さんの発言がよかったねぇ。何と言っていたか分かる人？」

NG ことば

「〜〜」という発言がいいね。

よく聞いておきましょう。

友達の発言を覚えておきましょう。

指導ことばの使い方や意義

一つ前の指導ことばは、発言内容を教師が言って、それを発言したのは誰だったかを子どもに言わせるものでした。その指導ことばからもう一段階ステップアップしたのが、この指導ことばです。

今度は発言した子の名前を教師が言って、発言内容を他の子どもに言わせるのです。こちらの方が、**より高度な聞き取る力**が求められます。そして、なおかつ**話の内容を自分の言葉で再現すること**が求められます。多くの発表がされる中でも、友達の発表もしっかり聞いていないと全く再現できません。

多くの子が、これをしっかりできるようになってくれれば、「発表のし合い」から「話し合い」へとレベルアップしていける素地はできあがったことになります。

指導ことばのコツ

- 初めは意見が三つほど出された後に、最初の意見内容を再現させる程度のことからスタートしましょう。
- 「分かる人？」と尋ねて一人に言わせるほかに、「隣の人に言ってごらん」と全員に問うこともできます。

指導ことば プ・ラ・ス

「どうやって覚えていたの？」

覚えていた子に対して尋ねます。すると、「名前も一緒にノートにメモしていた」などと言う子が現れます。他の子がそれを真似するようになり、クラスに一人ひとりの発言を大切にする文化が根付いていきます。

指導ことば

5

ねらい

友達や教師の話を自分の頭の中で分類しながら、聞く態度と能力を育てる。

話すこと

聞くこと

こんな場面で

・教師や友達がいくつかのことを連続で話した後。
・話を整理して聞かせたい時。

「今、○○さん（先生）はいくつのことを話したか言える人？」

NGことば

よく聞きましょう。

考えながら聞きましょう。

手いたずらしないで聞きなさい。

指導ことばの使い方や意義

授業内容や発問が高度になり、話し合っていることも高度になってくると、子どもの発言も長くなってくるものです。また、高学年に近付いてくるにつれて、教師も複雑な指示を出すことが増えてきます。そのような時、聞きやすく話すよう話し手に指導するのも必要ですが、同時に**聞き手も、話が複雑になってきても内容を聞き取れるように育てていく**必要があります。

そのためには、「よく聞きなさい」とか「考えながら聞きなさい」などという抽象的な指示では不十分です。どう聞いたらよいか分かりませんから、話が長くなれば手いたずらが始まり、聞かなくなります。一方、ある程度長い話の後「いくつのことを話したか」を尋ねるようにすると、子どもは頭の中で分類しながら聞くようになり、結果的に話の内容をよく覚えているようになるのです。

指導ことばのコツ

●初めは、教師の話の後に尋ねるようにしましょう。その話も、意図的に区切りながら話します。例えば、「一つ目は～～」などという具合です。

●話し手が意図的に区切っていない場合、「いくつか」という正解は重要ではありません。それよりも、内容を自分で分類して聞いていたということが重要です。

指導ことば
プ・ラ・ス

「どうやって数えたの？」

長い話を分類して、数え方を教えていくことも必要です。ですが、教師が一方的に説明しても身に付きません。子どもの言葉で話の聞き方やそのコツを話させ、それをクラスで共有していくとよいでしょう。

ねらい

友達や教師の話を聞き、要約して話す力を育てる。

話すこと

聞くこと

こんな場面で

・友達や教師の長い発言（話）の後。
・長い発言の後で、よく分からなくなっている子が多い時。

今、○○さん（先生）が言ったことは、つまり……？

NG ことば

つまり、～～という ことだね。

最後まで よく聞きましょう。

何が言いたいのか 考えましょう。

指導ことばの使い方や意義

よく、発言が長くなってしまい、自分でも何を言っているのか分からなくなってしまう子がいませんか。もちろん話し手への指導も大切ですが、そんな時は聞き手を育てることもできるのです。他の子に向けて「つまり……?」と尋ねながら手を挙げさせ、短く話させるようにしましょう。

この指導ことばでは、今まで紹介してきた指導ことばで育てる「しっかり聞こうとする態度」「聞き逃さない力」「再現する力」などを全て駆使して、**友達や教師の話を聞き取り、さらにその重要なことだけを抽出すること**を求めます。

抽象思考が育ってくる中学年以降の子どもに最適ですが、低学年でも育ってくればもちろん可能です。ここまで紹介してきた指導ことばでしっかり育ってきていることを実感してきたら、この指導ことばもぜひ使ってみましょう。

指導ことばのコツ

●初めは、「つまり」ということを分からせるのが難しいかもしれません。分かりやすい例を出してあげるとよいでしょう。例えば、「先生は紫が好きです。でも、青と赤はそこまで好きではありません。黄色は嫌いです」と話した後、「先生が話したことはつまり何の話?」と尋ね、「好きな色の話」「色の話」などと言わせます。

指導ことば
プ・ラ・ス

「まとめられるのは賢い証拠です」

人の話の要点を的確に捉えるという行為は大人でもなかなか難しいことです。ですが、小学生のうちから訓練することで、多くの子ができるようになってきます。要点を捉えるのは賢い証拠だと、大いに価値付け、ほめましょう。

話す
聞く
書く
音読
漢字
読む

ねらい

話し手の工夫を考えさせることで、話し手の意図を汲む力を伸ばす。

話すこと

聞くこと

こんな場面で

・教師が意図的に工夫して話した後。
・話し手の子どもが、分かりやすく説明した後。

「今、○○さん（先生）は、どんな話す工夫をしたでしょう。」

NGことば

相手に分かりやすく話しましょう。

何が言いたいのか考えましょう。

指導ことばの使い方や意義

「話すこと・聞くこと」では、話し手の意図を捉えることが重要です。相手が、何をどんな風に話そうとしているのか。それを捉えられればよい聞き手と言えるでしょう。**話し手の工夫を考えさせることで、聞く力だけでなく、今度は自分が話す時にもそれが使えます。**話し手の工夫としては、「ジェスチャー」や「表情」「具体物」などといった、視覚的に見て分かる工夫もあれば、「数値を入れる」「具体例を入れる」などといった話の内容的な工夫もあります。また、「緩急」や「間」など話し方の工夫もあります。

「話すこと・聞くこと」で扱う音声言語は、文字言語と違い、発した瞬間消えていく言語です。「その場主義」で伸ばしていくに限るのです。話し手の工夫が見られた時や朝会などで教師が工夫した話をした後、この指導ことばで子どもに工夫を感じた点を出させていき、「共有」していくのです。

指導ことばのコツ

- 子どもは、初め視覚的な工夫や話し方の工夫にばかり目がいきます。そのため、内容的な工夫に気付いた子どもがいれば、大いにほめ、それを広げていきましょう。
- まずは教師が工夫した話し方をやって見せ、それについて考えさせていくのがよいでしょう。

指導ことば
プ・ラ・ス

「なぜ話す人の工夫が分かるといいと思う?」

話し手の工夫を掴むことの意義を考えさせます。話し手の工夫を考えることで、話す人がどんなことを考えて話しているのかが分かり、結果的に話す内容がよく分かるということを押さえます。

話す
聞く
書く
音読
漢字
読む

ねらい

友達の話の内容に対して、自分の考えをもちながら聞こうとする態度や能力を伸ばす。

話すこと

聞くこと

こんな場面で

・たくさんの意見の発表があった後。
・意見の発表のし合いから、話し合いにもっていきたい時。

「(出された意見の中から)これだけは間違えている！」というものがある人？

NG ことば

出された意見に対して、何か考えのある人はいますか。

どれもいい意見でしたね。

指導ことばの使い方や意義

　意見の発表は活発にされても、その後話し合いがなかなか噛み合わず、結局一人ひとりが意見を発表し合って終わってしまった、ということがありませんか。

　このような状況を打破するには、「**友達の意見に対して自分の考えをもつ**」という力を付けさせることが必要です。しかし、それを直接的に「出された意見に対して考えのある人はいますか」といきなり聞いていてもなかなか手が挙がりません。そこで、「これだけは違う！」というものを言わせていきます。子どもは「間違い」を指摘するのが好きです。その習性をうまく利用した指導ことばです。

　間違いを指摘し合うのはいいことで、そうして望ましい考え方が生まれていくものだ、と事前指導しておきましょう。「意見と人」を分けて考えさせることが重要です。

指導ことばのコツ

●「違う！」と思っても、その場ですぐに口にさせると、話し合いは収拾がつかなくなってきます。そのため、まずは「意見の出し合い」→「違うものを言っていく」という流れで進めるということを子どもたちに説明するとよいでしょう。

指導ことば プ・ラ・ス

「言った人を納得させないとねぇ」

「違う！」と思う意見を言わせるだけでなく、それが間違っている理由や根拠も話させると、より話し合いが活発になっていくでしょう。そのために、「意見を言った人に、間違っていることを納得させる」ということを伝えましょう。

話す　聞く　書く　音読　漢字　読む

指導ことば

9

ねらい

友達の話の内容に対して、自分の考えをもちながら聞こうとする態度や能力を伸ばす。

話すこと

聞くこと

こんな場面で

・賛成、反対に分かれそうな発言があった後。

「今の○○さんの意見に賛成か、反対か。（少し時間をとって）賛成の人？」

NG ことば

自分はどう考えますか？

○○さんの考え、聞いていましたか？

指導ことばの使い方や意義

「聞くこと」の集大成は、相手の話を聞き、それに対して自分の考えをもつ、ということです。この指導ことばでは、相手の話に対して、「賛成」か「反対」か、**選択肢を与えた上で自分の考えをもつこと**を求めます。

例えば、説明文の授業中、「この段落はなくてもいいのではないか」という発言があったとします。このような発言の後、教師が「なるほど、この段落はいらないと思うのですね。みんな、聞いていましたか。あなたはどう考えますか」と復唱して、全員に問うているうちは、**子どもの聞く力は伸びません**。復唱することで聞き漏らしを許しており、「どう考えるか」では漠然としていて、考えないからです。いきなり、「賛成か、反対か」を問うことで、聞き漏らさず、しかも自分の考えをもちながら相手の話を聞こうとする態度や能力を伸ばすことができるのです。

指導ことばのコツ

●「賛成か、反対か」と尋ねた後、少し時間を取ってあげることが大切です。考えを整理させてから、「賛成の人?」「反対の人?」と尋ねていきます。この時に、周りを見ずに、ピシッと挙手させることで、自分の考えを明確にもてる子に育てていくことができます。

指導ことば
プ・ラ・ス

「理由も考えている人、レベル高い!」

賛成か、反対かの理由や根拠も考えていた子を大いにほめます。そうすることで、さらに友達の意見に対して自分の考えを明確にもてる子に育てていきます。

指導ことば
10

ねらい

友達の話の内容に対して、自分の考えをもちながら聞こうとする態度や能力を伸ばす。

話すこと

聞くこと

「今の○○さんの意見に対してどう思うか。言える人？」

こんな場面で

・賛成、反対に分かれそうな発言があった後。

NGことば

○○さんの「〜〜」という意見だけど……。

他に意見はありませんか。

指導ことばの使い方や意義

相手の考えに対して自分の考えをもち、それを表明させるための指導ことばです。この指導ことばでは、「賛成か、反対か」という選択肢も外されています。選択肢がないということは、さらに子どもにとって難易度が高くなります。その反面、子どもは「基本的に賛成ですが、反対のところもあります。それは……」などというように、自由に意見を話すこともできます。

このように、最終的には「**今の意見に対してどう思う?**」と**抽象的に聞かれても、自分の言葉で自分の考えを話せる**ようにしていきたいものです。そうすれば、どの教科の授業でも放っておいても意見がたくさん出され、それに対する考えもたくさん出され、話し合いが成立していくでしょう。

指導ことばのコツ

- 「言える人?」と尋ねて、一人に言わせることもできるほか、「隣の人と話しましょう」と全員に問うこともできます。
- 「賛成」「反対」だけでなく、多様な意見が出されることがよいと捉えて、そのような意見が出されたら大いにほめていきましょう。

指導ことば
プ・ラ・ス

「はい、××さん、どう思ったか聞かせて!」

「言える人?」と尋ねるのではなく、いきなり「××さん」と指名して言わせていきます。時折このような突然の指名も入れていけば、気を抜かずに話し合いに参加するようになります。

ねらい

人前で声を出すことに慣れさせる。

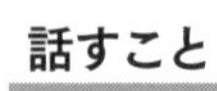

聞くこと

こんな場面で

・教科書を使うあらゆる場面。

「ここ、音読できる人？」

NGことば

発言しましょう。

一部の人ばかり発言していますよ。

指導ことばの使い方や意義

「一部の活発な子しか発言しない」「分かっているのにやらない子ばかりである」……このような状況は、教師の大きな悩みの種です。

そもそも、**「人前で自分の考えを発表する」という行為は、引っ込み思案な子にとってはハードルの高い行為です**。それをいきなり求めても、なかなかできません。また、高学年になり思春期に入ると、間違うことへの過剰なまでの恥ずかしさをもつようになります。

そこで、たくさんの意見が発表されるクラスをつくるための足がかりとして、まず、「音読」への立候補から始めるとよいでしょう。音読であれば、家で練習もしていますし、書いてあることを読めばよいだけなので、ほとんどの子が「その気になればできる」はずです。音読への立候補で慣れさせていくと、人前で声を出すことに慣れ、発表ができるようになっていきます。

指導ことばのコツ

●初めは、宿題等で何度も音読している国語の文章を読ませるところから始めるとよいでしょう。それでもなかなか立候補しない場合、「家で練習していない人が多いのかな?」としっかり突っ込んでいくことが必要です。そして、みんなの前で読んだ子をしっかりほめていき、なるべく全員挙手を目指しましょう。

指導ことば
プ・ラ・ス

「返事が聞こえないなぁ」

「音読」ですらハードルが高い子やクラスの場合、もっと基礎的な「返事」から始めるのがよいでしょう。「返事」も人前で声を出す行為です。一見、「発言」に繋がらないように見えますが、根底は同じなのです。

指導ことば
12

ねらい
自分の考えをしっかりもつ、という態度を育てる。

話すこと

聞くこと

こんな場面で
・賛成派と反対派の人数を数える時など、人数把握をする場合。

「先生の方だけを見て、ピシッと手を挙げましょう。」

NGことば
自分の考えをもちましょう。
人のことは気にしなくていいです。

指導ことばの使い方や意義

「自分の考えを明確にもつ」という意識を根付かせるための指導ことばです。

人前で声を出すことに慣れてきたとしても、自分の考えをもてなければ、それを話すことなどできません。

自分の考えを「表明する」という点においては、その基礎には、手を挙げるなどして、意思を示す、ということが挙げられます。まずはここから指導を入れていくとよいでしょう。

よく、手を挙げる時、きょろきょろ周りを見ながら、手を挙げる子がいます。誰かが挙げたら、それに便乗して手を挙げる子もいます。このようなことをさせていると、なかなか自分の考えを明確にもてるようになりません。**自分で考えを決めたら、迷わずピシッと手を挙げさせる**ことで、考えをもって、たくましく表明できる子に育てていくことができます。

指導ことばのコツ

- 手を挙げさせる前に、考える時間を設けます。その際、「自分の考えが決まったら、よい姿勢で座りましょう」などと、考えが決まったことを表す合図を決めておくとよいでしょう。

指導ことばプ・ラ・ス

「一人でも堂々と手を挙げた○○さんは、かっこいい！」

手を挙げたのが一人だとします。その子がこの指導ことば通り教師のことだけを見て、ピシッと手を挙げていたら大いにほめましょう。「一人を大切にする」という雰囲気をつくっていきます。

指導ことば

13

ねらい

よく考えて丁寧に、話そうという態度を育てる。

話すこと

聞くこと

こんな場面で

・子どもが単語で発言をした後。どんな教科にも使える。

「人前で話す時は、文で正確に話します。」

NG ことば

単語で話しません。

言い直します。

指導ことばの使い方や意義

教師「物語の設定とは、何と何と何でしたか」
子ども「人、時、場所」

このようなやり取りが教室で多く行われています。教師によっては、なんとも思わない方もいるかもしれません。また、「先生、トイレ」などと言ってくる子もいます。それに対して大人が許していると、子どもはどんどん「ラク」をするようになります。これでは言葉の力は付きません。

その場で言い直させるのが重要です。**具体的に「文になるように」と伝える**のが効果的であり、知的な指導ことばです。また、適宜「主語は？」「述語は？」などと尋ね、「正確さ」も意識させていきましょう。

一年生でも、教師がしっかり指導していけば根付いていきます。低学年のうちから習慣付けていきましょう。

指導ことばのコツ

● 年度初めなどは、特に単語で話すクセがついてしまっている場合があります。教師がしっかりアンテナを張って、指導していくことで段々直ってきます。すると、普段何気ない話をする時でも丁寧に話をするようになります。

指導ことばプ・ラ・ス

「、（読点）ではなく。（句点）をたくさん使いなさい」

作文の指導でよく「一文を短くしなさい」と指導されますが、話す時も同じです。文で話せるようになってきたら、今度は長くなりすぎるのを防ぐため、一文を短く区切らせるようにしましょう。

指導ことば

14

ねらい

意識的に話し方を使い分ける技能を伸ばす。

話すこと

聞くこと

こんな場面で

・一人ひとり自分の考えを発表していく時。

「頭括型で発表しましょう。」

NGことば

つまり、何が言いたいの？

先に結論を言いましょう。

分かりやすく話しましょう。

指導ことばの使い方や意義

発言しようという意欲はよいのだけれど、話が長くて、結局何を言っているのか自分も周りの人も分からない、という子がいます。そのような子への指導ことばです。

「頭括型」とは、説明的文章の学習用語です。初め・中・終わりのうち初めに「まとめ」がくる説明文です。

このことを説明文の授業できちんと指導した後、「話すこと」の指導ことばとして用います。確かに、「先に結論を言いましょう」と指示しても、一定の効果はあります。しかし、**「頭括型で話しましょう」と言われた方が、やる気を出します。**

「〜型」というのが大人っぽくて、かっこよく感じるようです。そのような子ども心をくすぐるつもりで、この指導ことばを用いましょう。

指導ことばのコツ

●説明文の指導で、きちんと「頭括型」「尾括型」「双括型」を指導しておくことが大前提となります。しっかり理解させたうえで、説明文指導場面以外のところでこの指導ことばを言います。説明文の授業で学習したことがこんなところでも使えるのか！　と子どもたちはさらに学習への意欲を高めます。

指導ことば
プ・ラ・ス

「頭括型で言えるようにノートに準備しておいてね」

「頭括型で発表する」という観点を子どもにもたせると、子どもは自分の思考を一旦整理し、まとめを先に話すようになります。この作業が子どもの思考力を伸ばす点において有効です。

話す
聞く
書く
音読
漢字
読む

指導ことば

15

ねらい

相手の理解度を確認しながら話そうとする態度と技能を身に付ける。

話すこと

聞くこと

「聞いている人が分かっているかどうか、途中で確認しながら、話そう。」

こんな場面で

・自分の考えを説明する際。
・長い発言をする時。

NG ことば

一気に全部話してはいけません。

聞いている人が分かりやすいように話そう。

指導ことばの使い方や意義

話し合いの話題が高度になってくると、子どもたちの発言も高度で複雑になってきます。

そうなってくると、どうしても理解力のある子同士だけで話し合いが突き進んでしまっていくものです。

大人であっても大人数で話し合う時には、同じようになってしまうこともあるので、ある程度は仕方ないのですが、なるべく全員が話し合いの内容を理解して、参加して欲しいものです。

このような話し合いの内容が難しくなってきている状況では、話し手の力を伸ばすことができます。話し手に対して、**「ここまでは分かりますか」**などと言って、**途中で区切らせながら話させる**のです。そして、言い換えたり、図示したりしながら分かりやすく説明します。すると、聞き手も「ここまでは分かる！　その先が分からない！」と分からないことが明確になってきます。

指導ことばのコツ

●まずは、教師が分かりやすく見本を示すことから始めましょう。一気に話さずに、「ここまでは分かる？」と区切りながら話すのです。もし分からない子がいれば、簡単な言葉に言い換えたり、例を出したり、図示したりします。このような教師の説明の工夫が、子どもに転移していくようにしましょう。

指導ことば プ・ラ・ス

「伝わるように、簡単に話せる人が本当に頭のいい人です」

小難しい言い回しなどをして相手の頭を混乱させるよりも、平易な言葉を用いてシンプルに話せる人の方が頭がいい人なのだということを伝えると、子どももそれを目指すようになります。

指導ことば

16

ねらい

ペアで話す時、相手の話をきちんと聞こうとする態度と能力を育てる。

話すこと

聞くこと

こんな場面で

・ペアでの話し合いの後。
・特に自分が話したがる低学年におすすめ。

「（ペアでの話し合いの後）隣の人の意見を言って。」

NGことば

目と目を見て話しましょう。

向き合って話しましょう。

よく覚えておきましょう。

指導ことばの使い方や意義

ペアでの話し合いは授業で多く行われます。しかし、よくその様子を見てみると、**片方が一方的に話しているだけ**、ということがよくあります。特に低学年の子どもは、「自分が話したい生き物」です。ペアの子に対して、自分の思いをぶつけているだけのことが多々あります。一対一の対話は、まず相手の話をしっかり聞くことから成立します。そのため、この指導ことばを使いましょう。

初め、子どもは戸惑います。なかなか手が挙がりません。当然ペアの話し合いの後、自分の意見を尋ねられるだろうと予想しているからです。いざ「隣の人の意見を言って」と言われるとなかなか言えないのです。そんな子どもたちに、この指導ことばはショックを与えます。相手の話をしっかり聞いていなかったということに気付くことができるのです。

指導ことばのコツ

●話題を確認した後、ペアで話をするよう指示し、ある程度時間が経ったら終了させます。その後、突如として、指導ことばを使いましょう。突然尋ねられると、相手の話を真剣に聞いていない子ほど、たった今話されたことなのに言えません。子どもはその「さっき話されたことを言えない」という事実に、「しっかり聞こう」という気持ちにさせられるのです。

指導ことば
プ・ラ・ス

「せっかく一生懸命話してくれたのに」

低学年であれば、情に訴えると、より効果的です。「せっかく隣の○○さんが一生懸命話してくれたのにね。かわいそうに……」などと話すと、より「しっかり相手の話を聞こう」という態度になります。

話す
聞く
書く
音読
漢字
読む

≫

ねらい

グループでの話し合いの内容を教師が指名した一人に言わせることで、全員が話し合いの内容を把握する態度と技能を育てる。

話すこと

聞くこと

こんな場面で

・班での話し合いの後、班ごとに出た意見を聞いていく際。

「(グループでの話し合いの後)一班、○○さん、班の意見を言って。」

NG ことば

班の意見を言ってください。

みんなの意見を聞くのですよ。

指導ことばの使い方や意義

班での話し合いも授業で多く取り入れられます。ですが、一人ひとりが自分の意見をもち、それを話せるように育てておかないと、能力の高い子だけでどんどん進めてしまうことが多くあります。一人ひとりの話す量に違いがあるのは自然なことです。しかし、一部の子だけが分かっていて、一部の子は全く分かっていないというのでは班で活動している意味がありません。

すると、班での話し合いの後、班ごとに意見を言わせていく際、必ず能力の高い子が言おうとします。それを許すと、全く話し合いに参加せず、内容も分かっていないという子が出てきてしまいます。そこで、**発表する子を教師が指名する**のです。これをシステムとしていくと、やがて子どもは班で話し合ううちから全員が理解できるように話し合いを進めるようになります。

指導ことばのコツ

●重要なのは、誰をはじめに指名するかです。一つの方法として、人の意見を聞かずにおり、それでいて繊細すぎない子を指名することをおすすめします。恐らく、その子は答えることができませんが、それほどひきずることなく、「次はちゃんとやろう」と考えるはずです。それを見た周りの子も、話し合いの内容を把握することを学ぶのです。

指導ことば
プ・ラ・ス

「誰でも言えるようにしないとね」

班のメンバー全員が話し合いの内容を言えるように、話し合いを進めるのがいいのだということを指導していきます。そうすることで、自然と話し合いの質も高まっていきます。

ねらい

よい話し合いについて考えさせたり、話し合いのコツを見つけさせたりする。

話すこと

聞くこと

「話し合いのいいところを見つけよう。」

こんな場面で

・グループでの話し合いの質を高めたい時。
・実際に活動に入る前に。

NG ことば

しっかり話し合いましょう。

よい話し合いをしましょう。

きちんと参加しなさい！

指導ことばの使い方や意義

班での話し合いを本当の意味で機能させようとすると、難しいものです。前項のように、賢い子のみで進めてしまったり、フリーライダー（話し合いには参加せず結論だけ使ってしまう子）をつくってしまったりします。そもそも、話し合いが続かなかったり、ケンカになったりすることもあります。話し合いは音声言語で行われますので、発した瞬間に消えていきます。そのため、振り返ることは難しく、ただこなすだけではなかなか質が高まっていきません。客観的に振り返りにくいからです。そこで、一つの班の話し合いをクラス全体で見る機会を設けます。そして、その話し合いのいいところをみんなで見つける活動をします。例えば、「**理由を尋ねていた**」「**分からないところを聞き返していた**」などです。すると、今度は自分が話し合いする時にそれが生かされるのです。

※参考　長崎伸仁監修（二〇一八）『文字化資料・振り返り活動でつくる「話し合い」の授業』（明治図書出版）

指導ことばのコツ

- どの班の話し合いを見るか、というのがポイントです。「この班は話し合いが成立しているな」と思われる班を指定するとよいでしょう。
- 「いいところ」を挙げさせ、それを掲示していき、クラスの共通理解としていくと、積み重なっていき、質が高まっていきます。

指導ことば プ・ラ・ス

「ここは課題だったというところはどこかな」

何回か活動を繰り返していくと、子どもたちも話し合いを見る目が育ってきます。そこで、課題も少しずつ出させていくと、より話し合いの質を高めていくことに繋がるでしょう。

指導ことば

19

ねらい

友達の意見をしっかり聞き、自分が理解できているかどうかを認識する力を伸ばす。

話すこと

聞くこと

こんな場面で

・難しい意見が出され、分からないという表情をしている子が多い時。

「今の意見、分からない人？素晴らしい！」

NGことば

分かりましたか？

質問のある人？

今の意見、どう思いましたか。

指導ことばの使い方や意義

話し合いが賢い子のみで進められると、分からない子が置いてきぼりにされてしまいます。指導ことば15のように話し手を伸ばすことも重要ですが、聞き手も分からないことを分からないままにさせるのもよくありません。

そこで、**聞き手には、「分からない」ということを言っていいのだということを認識させる必要があります。**そのため、「これは分かっていない子が多いな」という時ははじめ教師が介入して、「分かっていない人?」と聞いてあげるのです。

ここで、「分かった?」と聞いてしまうと、子どもは本当は分かっていなくても「分かった」と言ってしまいがちです。「分からない人?」と聞き、手を挙げた子を最大限ほめましょう。

すると、徐々に自分たちで「今の意見がよく分からないのでもう少し説明してください」と質問できるようになっていきます。

指導ことばのコツ

- とにかく、手を挙げた子を「君のおかげで救われる人がいる」などと最高にほめましょう。
- 話し合いをしている際に、この指導ことばを連発してしまうと、話の腰を折ることになってしまいます。核心的な発言がされた時、かつそれを分かっていない子が多そうな時に、教師が介入してこの指導ことばを使うようにしましょう。

指導ことば プ・ラ・ス

「自分が分からない、ということが分かれば、分かるまであと一歩です」

まずは、しっかり聞いていたことを認めます。そして、分からないことが分かる、ということが「分からない」→「分かる」の間に存在することを伝えます。

話す
聞く
書く
音読
漢字
読む

ねらい

分からない子に対して説明させることで、聞いて理解したことをさらに深めると同時に説明する力も高める。

話すこと

聞くこと

こんな場面で

・難しい意見が出た後。

「今の意見、分からない人起立。分かったら座ってね。他の人、説明しよう。」

NG ことば

分かりましたか？

分かりやすく話してください。

指導ことばの使い方や意義

子どもからいい意見が出た時も、その価値を数人の賢い子や教師だけが分かっている場合があります。高度な発言ほどそのような状況になりがちです。

そのような時、教師が代わりに説明してもなかなか子どもたちは理解しにくいものです。それよりも、**子どもに説明させた方が理解できる子が増えます**。子どもの言葉の方が伝わる時も多いのです。

分からない子どもに対して、説明させていくことで、分からない子どもの理解の助けにもなりますし、子どもの説明する力も高まります。そして何より、分からない子どもを大切にして、授業をみんなで進めていく、という意識が子どもたちの中に根付いていくのです。

授業のキーとなる発言の際には、最後の一人が座るまできちんと説明させていきましょう。

指導ことばのコツ

- 分からない、と正直に言え、起立した子をほめましょう。そして、分かっている子に対して、この子たちに理解させてこそ、本当の意味で「分かっている」ということだと指導していきましょう。
- 説明する際は、前に出させて黒板を使わせると、より説明する力が高まります。

指導ことば プ・ラ・ス

「まだまだですね」

子どもたちが説明しても、分からない子に伝わらない時に挑発します。どうしても座らない子がいる場合には、最後に教師が説明して、「大人の力」を見せつけるのもよいでしょう。

「書くこと」

「書くこと」指導は、意欲と根気を高めたもの勝ち！

書く力は、一朝一夕では高まりません。

書くという行為は、複合的でより高度な行為だからです。

ですから、「よい質」のものを全員に書かせるのは至難の業です。むしろ、子どもたち全員を「よい質」のものを書ける子に育てることは、現実的には難しい、と理解しておきましょう。

このことを理解しておかないと、「全員がよい質の文章を書けるように！」と意気込んだ結果、子どもたちが書いたものをいちいちチェックして、書き直しを命じるような、子どもが最も意欲を失う指導をしてしまいがちです。

それよりも目指すべきは、子どもが意欲的に書き、ある程度の量（原稿用紙二、三枚程度）であれば最後まで書き続けられる子を育てることです。

つまり、**「やる気と書く量」を目標に指導すべき**です。

よい質のものを書く子ではなく、書くことが嫌いではない、書こうと思えばすんなりある程度の量を書ける子を育てるという目標であれば、全員達成することができます。

子どもの書く意欲を引き出し、量をたくさん書かせるには、達成感をもたせることです。そして、達成感を得させるには、「繰り返し」と「成長を可視化」することです。

例えば、指導ことば24「配膳台をじっくり見つめて、考えたことを書いてみよう」では、教室にある物をじっくり見つめて、考えたことをとにかくたくさん書かせます。初めはあまり書けなくても、同じ活動を「繰り返し」たり、よく書けている子の書いたものを紹介したりしていくうち、どんどん書ける量が目に見えて増えていきます。ノートにびっしり字が埋まっていくわけです。これによって「成長が可視化」され、子どもは達成感を得ます。「自分って書くの苦手じゃないな！」と思わせたら勝ちです。

「やる気と書く量」にあわせて**大切なことは、「丁寧さ」です。**書く力がある子は、丁寧にじっくり一つのことに取り組むことのできる子、「根気」のある子です。反対に、書くのが苦手な子は、この点に欠けています。**丁寧さを身に付けさせ、「根気」のある子に育てていきましょう。**指導ことば21「人生で一番たくさん書く字は何でしょう」や22「ダメ」はそのためのものです。

この二点がある程度育ってきている場合、指導ことば29「先生も書きますよ」や30「○○括型で書いてごらん」など、文章の「質」に関わる指導ことばも使っていきましょう。初めから指導してしまうよりも、指導が入りやすくなります。


「書くこと」の指導における系統性の簡略図

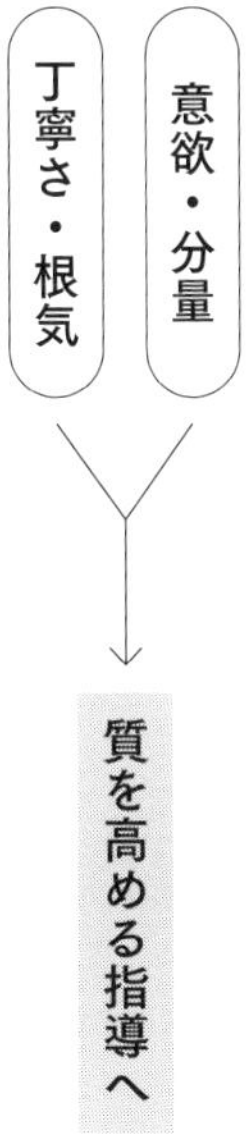

ねらい

字を丁寧に書こうとする姿勢を養う。

書くこと

こんな場面で

・年度の初め、教科書を配り、名前を書かせる際など。

「人生で一番たくさん書く字は何でしょう。」

NGことば

丁寧に書きましょう。

名前をきれいに書きましょう。

指導ことばの使い方や意義

厳密に言うと「書くこと」の領域には入りませんが、字を丁寧に書かせたいものです。「丁寧さ」は様々な場面に波及していきます。しかし、特に高学年になると、単に「丁寧に書きなさい」と指示しただけでは丁寧に書かないものです。

そこで、年度の初めが重要です。その時期にいかに丁寧に書かせていくか、ということがその後の子どもたちの丁寧さを大きく左右していきます。そして、初めは丁寧に書かせる対象を絞ってあげます。最初から全て丁寧に書かせる、などと考えるから、子どもはやる気をなくすのです。

「人生で一番たくさん書く字」は、自分の名前です。名前をまず丁寧に書かせるのです。学校生活でも、テストの時、配布物、運動会のしおり……など名前を書く場面がたくさんあります。年度初めは名前を書かせたら必ずチェックを入れ、全員が丁寧に書くようにしていきます。

指導ことばのコツ

●「名前を丁寧に書きましょう」と直接問わないことがポイントです。それよりも「人生で一番たくさん書く字」を丁寧に、きれいに書けるようになろう！　という気持ちにさせることが重要です。

指導ことば
プ・ラ・ス

「先生は名前に○を付けます」

テストを採点する時にも、名前をしっかり丁寧に、大きく濃い字で書かれているかをチェックします。年度初め、教科書に名前を書かせる時だけでなく、一年間ずっと名前を丁寧に書いているかをチェックし続けていくのです。

ねらい

字を丁寧に書こうとする姿勢を養う。

書くこと

・「書けたらもってておいで」と指示を出して、とても雑に書いたものを持ってきた時。

ダメ。

NG ことば

字が雑です。やり直し。

字が汚い。やり直し。

ここを直してこよう。

指導ことばの使い方や意義

こちらも、丁寧に書かせたい時の指導ことばです。「書けたら持っておいで」などと指示し、持ってきた時、非常に雑に書いて持ってくる子がいます。年度初めにこのような子を放っておくと、それ以降、丁寧になることは、まずありません。

かといって、「雑です」とか「この字がだめです」などと言ってもなかなか響きません。そこで、「ダメ」と一言言って提出物をつき返してしまいます。すると、子どもは「何がダメだったんだろう」と考えるようになります。そして、自分の後に教師のところに持ってきた子と自分とを比較するなどして、気付いた子は自分の意志で丁寧に書きなおして持ってきます。

少し冷たいようですが、**つき返された理由を自分で考えさせる**、というのも自立していく上で大切なことです。

指導ことばのコツ

●この指導ことばも年度初めにしか使えません。年度の途中まで雑な字を許容してきたのに、急に「ダメ」と言ってつき返しても、子どもから反発を食らうだけです。新鮮な気持ちでやる気に満ちている新年度、「この先生には通用しないぞ」と思わせるのです。

指導ことばプ・ラ・ス

「丁寧に書いてあるね。あなたのは見てあげられる」

「ダメ」とつき返された子がどうしても気付かない場合、なぜつき返されたのか、ヒントを与えるために、他の丁寧に書いて持ってきた子に対してつぶやきます。

ねらい

鉛筆が進まない子に対してとにかく書こう！　という姿勢にさせる。

書くこと

こんな場面で

・気付いたことや自分の考えを書く場面で、なかなか鉛筆が進まない子に対して。

「考えをまとめてから書くのではありません。書くから考えがまとまるのです。」

NG ことば

早く書きなさい。

よく考えなさい。

○○と書いてはどう？

指導ことばの使い方や意義

書ける子に育てるには、まず量を書ける子に育てることです。しかし、なかなか鉛筆が進まない子も多いのが事実です。

書くという行為は読む、話すなどと比べ、複雑で高度な行為です。そのため、苦手な子どもは多くいます。ペラペラと話せるのに、いざ書く時には鉛筆が止まるような子もよくいますよね。

さて、**量を書かせるには、どんどん書かせるしかありません。**考えたことを迷うことなく書かせていくのです。量を書けない子は、どんなことを書くか迷ってしまう子です。そんな子にはこの指導ことばです。考えというのは、書いていくことでまとまるのです。そのため、とにかく書かせるのです。ガンガン書いていくうちに、自分の考えがまとまってきます。それを体感させれば、「迷ってもとにかく書く」子に育ってきます。

指導ことばのコツ

●迷っていて書かないことがないよう、とにかく書き出す子に育てる指導ことばですが、感想文や報告文などを形式を整えて書かせる時には用いません。ノートに自分の考えを書く時、気付いたことを箇条書きにする時など「量」を求めて書かせる場面で用いましょう。

指導ことば
プ・ラ・ス

「鉛筆を止めたら負けです」

量を書かせるためには、迷って手を止めている暇はありません。「負け」という言葉を使うと燃えます。考えたことを単純なことでもよいので、手を止めないで書かせます。そうすることで、思考のスピードや書く力も育ってきます。

指導ことば

24

ねらい

質より量でたくさん書こうとする姿勢や能力を高める。

書くこと

こんな場面で

・隙間時間に。
・思考力や書く力を伸ばしたい時に。

「配膳台をじっくり見つめて、考えたことを書いてみよう。」

NG ことば

たくさん書きましょう。

よく考えて書きましょう。

指導ことばの使い方

「たくさん書きなさい」とか「よく考えなさい」と言っても子どもはなかなか書けないものです。

それは、どうやったらたくさん書けるかや、どう考えたらいいかが分かっていないからです。しかし、だからといって、書き方や考え方を口で説明しても、なかなか伝わりません。

そこで、活動させながら、よく書けているものを紹介しつつ、指導を繰り返していくようにしましょう。**クラスにある物（配膳台やほうきなど）をじっと見つめさせ、五分間でノートに考えたことをできる限り書かせる**のです。

とにかく、質より量を書かせます。そのため、単純なことでよいのでどんどん書かせます。例えば、「色は上が緑で脚が白です。形は……」といったように。初めは戸惑う子もいますが、そんな時はよく慣れてくるとノート一ページ分程度は軽く書けるようになります。

指導ことばのコツ

●上の例のように、最初は色や形など、見た目のことを書く子どもがほとんどでしょう。そこから、次第に「○○の形をしている。その理由は～～だからだろう」などと、理由などにも言及する子が現れてきます。そういう子は積極的にほめてあげましょう。

指導ことばプ・ラ・ス

「なるほど。色について書いたわけだ」

書けない子に対しては、ヒントを出します。書いている子どものところに行って、ノートを覗き込みながら、わざとクラス全体に聞こえるように大きな声でつぶやきます。そうすることで、書けない子のヒントになります。

指導ことば

25

ねらい

枠を飛び越えて、さらに書こうという姿勢を育てる。

書くこと

こんな場面で

・活動の振り返りの時や、感想を書く時。

「この紙だけじゃ書ききれない人……、線と線との間に線を引いてごらん。」

NGことば

たくさん書きましょう。

頑張って書きましょう。

欄を埋めなさい。

指導ことばの使い方

感想を書く時なども、たくさん書かせるチャンスです。欄をはみ出すほど、どんどん書かせていきたいものです。

そんな時、この指導ことばを呼びかけることで、書ききれない子に対して二段にさせます。罫線と罫線との間に線を自分で引かせて二段にさせます。それでも書ききれない子に対しては、新たに紙をあげ、それを貼らせます。

このようにすると、「**たくさん書きなさい！**」などと**指示しなくても、子どもはびっしり書くようになります**。自分で線を引いたり、新たに紙を付け足したりするのが楽しいのです。

楽しみながら、ガンガン書く姿勢をつけさせていきたいものです。

※群馬県の深澤久先生のご実践を参考にさせていただいています。

指導ことばのコツ

「書ききれない人」と呼びかけて教師のもとに来る、やる気のある子のみにこの方法を教えてあげるのがミソです。全員に最初から量を求めても書けない子はやる気をなくします。やる気のある子のガンガン書く様子を見て、「僕もやりたいな！」と思わせるのです。

指導ことば
プ・ラ・ス

「それでも書ききれない子は紙をもう一枚あげる」

「二列」→「もう一枚」という段階にしましょう。二列の次のステップも設けてあげることで、子どもは無制限に書くようになります。

ねらい

面白い文章について考えさせる。

書くこと

「どこがダメかな。」

こんな場面で

・日記などで、毎日同じような文章を書いてくる時。

NGことば

よく考えて書きましょう。

面白く書きましょう。

このように書きましょう。

指導ことばの使い方

日記を宿題として課している先生は多いでしょう。しかし、面倒くさがり、毎日同じような日記を書いてくる子がいます。例えば次のような文章です。

「今日、家に帰ってゲームをしました。楽しかったです。その後夜ご飯を食べてねました。」

このような日記を書いている間は、思考が働いておらず、なかなか書く力も付いてきません。しかし、単に面白い日記を見せても、書く力が低い子はそのよさに気付くことができません。

そこで、教師が「**悪い例**」を書き、**それを子どもたちの書いた「良い例」と比較させる**のです。

子どもは「あら捜し」が大好きです。「先生が書いた日記はどこがダメかな」と聞くと、どんどん指摘してきます。これを利用して、「毎日同じことは書かない」「一つのことを詳しく書く」などの面白い日記の条件をクラスで共有します。

指導ことばのコツ

- 教師がどのような「悪い例」を用意するか、が重要です。これは、指導のねらいに応じて作ります。例えば「一つのことを詳しく書かせたい」というねらいがあったとしたら、「悪い例」は、一日の出来事を網羅的に書いたものにします。
- 「悪い例」として、子どもの書いたものを挙げてはいけません。

指導ことば
プ・ラ・ス

「自分の日記はこうなっていないかな」

自分の書く日記も、教師の「悪い例」のようになっていないか尋ね、ドキッとさせます。そして、「どのようにしていけばいいかな」と尋ね、対策を日記が得意な子にどうしたらよいか聞いていき、みんなで共有していきます。

話す
聞く
書く
音読
漢字
読む

ねらい

話題の絞られた作文を書く姿勢を身に付けさせる。

書くこと

こんな場面で

・日記や作文で、一日のことを網羅的に書いてくる子に向けて。

「題名がつけられるものを書こう。」

NG ことば

もっと話題を絞って。

一番心に残ったことを書きましょう。

指導ことばの使い方

「今日、朝起きて顔を洗いました。そのあと朝ごはんを食べました。おいしかったです。そのあと学校に行きました。楽しかったです。そして、公園で遊びました。楽しかったです……」

という一日を網羅的に書いた日記（作文）を書く子が少なからずいます。入門期などであればこれでもよいのですが、高学年になってもずっとこのように書いていると、思考力や書く力が育ってきません。ほとんど「機械的」で、誰がいつの日のことを書いても同じようになってしまうからです。

そこで、**「題名」をつけられるようにしよう**と声をかけます。もちろん、声をかけるだけでなく、どのような日記（作文）が「題名をつけられるもの」でどのような日記（作文）が「題名をつけられないもの」なのかを比較しながら示すことで、子どもも段々理解していきます。

指導ことばのコツ

●上に例として示したような「題名がつけられない日記」と、よく書けている子どもの（または教師が書いてもよい）「題名がつけられる日記」の実物を示すことで、多くの子どもが理解できます。そして、「題名がつけられるもの」の方が圧倒的に面白いということに気付かせていきます。

指導ことば
プ・ラ・ス

「どうしたら書けるのかな」

どのようにしたら「題名をつけられるもの」を書けるのか、書くのが得意な子に普段意識していることを聞いてみましょう。すると、「書きたいテーマを思いついたらメモする」「気になったことを調べる」などのアドバイスが出ます。

指導ことば

28

ねらい

「題名がつけられる日記（作文）」を書くために、観点を絞る練習をする。

書くこと

こんな場面で

・どうしても「題名がつけられない日記（作文）」を書いてきてしまう子に対して。

「三分間のことを書いてごらん。」

NGことば

もっと話題を絞って。

一番心に残ったことを書きましょう。

指導ことばの使い方

どうしても「題名がつけられない日記（作文）」しか書けない子への個人指導の時に使う指導ことばです。

観点を絞って書けない子は、「**観点の絞り方**」**を知らない**のです。そこで、まずは教師が「三分間」と時間を絞って指定してあげます。

そして、一緒に話をしながら書かせます。例えば、「野球の試合がありました」とだけしか書いていなかった子がいました。この子に、「試合の後どこに集まったの？　どんな形で集まったの？　コーチは帽子を取って話したの？　どんな言葉から話し始めたの？」などと聞いていきます。そして、口で答えたことをどんどん書かせていきます。すると、あっという間に原稿用紙一枚くらいは埋まってしまうのです。こうやって実際に体験させながら、一つのことを詳しく書くようにさせていきます。

指導ことばのコツ

●一番心に残っていることを思い出させて、その中の三分間だけを書かせます。最初は教師が上のように聞き取りながら書かせます。そして段々教師の質問がなくても書けるようにしていきます。一つのことをとにかく詳しく書かせるのです。

指導ことば
プ・ラ・ス

「どうやって思い出した？」

三分間のことだけで原稿用紙一枚以上書いていくには、その時のことを詳しく思い出す必要があります。実はこの思い出すという行為が重要なのです。その行為を振り返らせ、意識化を図ります。

「先生も書きますよ。」

こんな場面で

・各自が文章を書く時。

ねらい

書く意欲や、書くことへの姿勢を高める。

NG ことば

真剣に書きなさい。

よく考えて書きなさい。

頑張って書きなさい。

指導ことばの使い方

子どもが書いて、教師はそれを評価する。このような関係が当たり前になっていませんか。どんな時もこのような「やらせる―やらされる」という関係では、書くのが苦手な子の気持ちは分かりません。**教師も必死になって書くことで、子どももノッてくる**ものです。

私は手書きで学級通信を出すことにしています。主に授業記録です。「先生もこれくらい書く。だからみんなも書こう」と伝えるのです。教師が全く書かないのに、子どもにだけ「書け！」というのは傲慢ではありませんか。

実際、例えば授業で「情景描写について分かることを書きましょう」というような課題で書かせた時、私も書くことによって、子どもも燃え、書いてくる文章のレベルが格段に上がりました。教師も書くことを宣言し、挑戦しましょう。きっと教室が変わるはずです。

指導ことばのコツ

●実際に書いて、見せていくことです。ことばだけでは子どもに響きません。また、パソコンで打った文章よりも「手書き」の方が子どもにも「先生もこんなに書いているんだ！」と伝わるでしょう。なるべく手書きに挑戦しましょう。

指導ことば
プ・ラ・ス

「どれが先生のかな」

子どもの書く文章のレベルも上がってくれば、どれが教師の文章でどれが子どもの文章か分かりにくくなってきます。そんな時、教師の書いたものを当てさせると、より一層盛り上がります。

話す
聞く
書く
音読
漢字
読む

指導ことば
30

ねらい

○○括型を意識的に使い分ける力を付けさせる。

書くこと

「○○括型で書いてごらん。」

こんな場面で

・自分の考えを書く時や、調べたことをまとめて文章にする時。

NG ことば

はじめはこういうことを書いて、次にこういうことを書いて～～。

結論を先に書きなさい。

指導ことばの使い方

「○○括型」というのは説明文の学習用語ですが、書く活動の時も使えます。

自分の考えや調べたことを書く際、「じゃあ今日は頭括型で書いてごらん」とか、「今日は感想を尾括型で書いてごらん」などと指示するのです。するとと、子どもは単に書かされるよりも、燃えます。「今日は尾括型か〜！」などと言いながら、楽しく活動します。

さらに、**文章の型も身に付き、指定された型に書こうとすることで、よく考えて書かなくてはいけなくなります。**

ある程度、たくさん書くことはできるようになってきて、次の段階にレベルアップさせたい時に有効な指導ことばです。

指導ことばのコツ

●あらかじめ説明文の授業で「頭括型」「尾括型」「双括型」をしっかり指導しておくことが大前提です。忘れやすい子のために、掲示物などにしておくとよいでしょう。

指導ことばプラス

「今日はどの型がいいかな」

何度か活動を繰り返していき、子どもたちの中に「○○括型」がしっかり根付いてきたら、その日の学習の内容やかけられる時間などに合わせて使い分けさせるようにしましょう。

「音読」

「良い音読の基準」を明確に！

先生方の教室の子どもたちは、意欲的に音読に取り組んでいるでしょうか。

低学年であればまだしも、高学年になってくると、一見単調である音読をなめて、いい加減に読む子が多くなってきます。

しかし、指導ことば34「音読が上手い人は、文章を深く読めます」でも紹介しているように、音読は読解力の基礎となる非常に重要な学習です。しっかり意欲をもたせて取り組みたいものです。

子どもはなぜやる気をなくすのでしょうか。

それは、多くの場合**「自分は十分できている」という気になっているから**です。そして、そういう気になってしまうのは、全国の教室で**「よい音読の基準」が明確になっていない**からです。基準が明確でないから、何となく読めていればよい、と捉えてしまっているのです。

私は「よい音読の基準」を「ハキハキ、スラスラ、正しく」と伝えています。

これを見ると、「なんだ、自分とほとんど変わりがないじゃないか」と思われるかもしれません。そうです。ここまでは同じなのです。ですが、ここからが違います。

指導ことばを使って、「ハキハキ、スラスラ、正しく」という基準を、さらに具体的に子どもたちに明確に示していくのです。

例えば、「ハキハキ」と言われただけでは、どれくらい声を出せば「ハキハキ」読めているのか分かりません。だから、教師の目から見たらごにょごにょ読んでいても、子どもは平気な顔で音読カードの「ハキハキ読めましたか」に◎を付けて持ってくるのです。自分で分かっていないのです。

この場合、指導ことば31「もっと息を吸いなさい」や32「息を遠くまで届けます」を用いて、「ハキハキというのは、これくらい息をしっかり吸って、遠くに届けようとすることだよ」と身をもって体感させていくのです。他の指導ことばも同じです。

指導ことば33「読んでいる先の文字を見ましょう」や36「日本で一番音読が上手いのは誰でしょう」は、「スラスラ」を子どもにとって明確なものにしていきます。

指導ことば37「句読点だけで休みます。それ以外は一息で読みます」では、「正しく」を子どもにとって明確なものにしていきます。

子どもにとって「良い音読の基準」が明確になれば、それがクラス全体で共有されるようになります。そして、教師を含めてクラス全体の音読に対する意識がグッと高まるのです。

最終的には、指導ことば38「今度は、聞いている人が分かりやすいところで区切ってごらん」のように、「ハキハキ、スラスラ、正しく」を踏まえた上で、「相手意識」をもって読めるようにしていきましょう。

このように、**指導ことばを上手く用いて、「よい音読の基準」を明確にしていきましょう。**

話す 聞く 書く 音読 漢字 読む

ねらい

声をしっかり出して音読させる。

音読

こんな場面で

・子どもの音読の声が小さい時。

「もっと息を吸いなさい。」

NGことば

もっと声を出しなさい。

声が小さい。

聞こえません。

指導ことばの使い方

高学年になるとよくあるのが、音読の時に声が小さいことです。

この時、「もっと声を出して！」とか「声が小さい！」などと教師は言ってしまいがちです。

しかし、それでは肝心の「声の出し方」を教えずに、ただ「やれ！」と言っているのと同じことになってしまいます。

そもそも声が小さい子は、どのようにしたら大きな声を出せるのかを知りません。教師は「声の出し方」を教えてやる必要があるのです。

声を出させる時に大切なのは「息」を吸わせることです。声は空気（息）で届けられるからです。

息をいっぱい吸って、それを吐き出させることで、しっかり声が出るようになります。

※参考　堀裕嗣（二〇一六）『国語科授業づくり10の原理・100の言語技術』（明治図書出版）

指導ことばのコツ

●言葉で言うだけでなく、空気を肺いっぱいに吸わせる練習をします。これなら、大きな声で読むことよりもずっとラクで、誰でもできます。その後、集団で声を合わせてしっかり息を吸って、吐きながら読む練習をしましょう。集団で行うことで、一人で読むよりもハードルが下がります。

指導ことば
プ・ラ・ス

「声は何で届けられていると思いますか」

「もっと息を吸いなさい」と指導する前に、声は息で届けられている、ということに気付かせると、より息を意識するようになります。

ねらい

声をしっかり出して音読させる。

音読

こんな場面で

・子どもの音読の声が小さい時。

「息を遠くまで届けます。」

NGことば

もっと声を出しなさい。

声が小さい。

聞こえません。

指導ことばの使い方

劇団四季などのミュージカルの俳優は、マイクなしでも遠くまでよく聞こえる声を出すことができます。

話し方をよく見ていると、気付くことがあります。それは、**しっかり口を開けて、息を遠くまで届けようとしている**ことです。

なぜ分かるかというと近くで見ていると、口からしぶきが出ることがよくあるのです。普通に話そうとしている時はそこまでしぶきが出ません。ですが、遠くに息を届けようとすると、口を開いたまましっかりと息を吐こうとするため、しぶきも出てしまうのだと考えられるのです。

子どもにも、声ではなく息を遠くまで届けようと言葉かけすると、口を大きく開けて、しっかり息を吐くようになります。

指導ことばのコツ

- 実際に教師がやってみせるといいでしょう。ミュージカルなどを見て、研究して、練習しましょう。
- 息が遠くに届きにくい話し方と息が遠くに届きやすい話し方とをやってみせ、比べさせるとより効果的でしょう。

指導ことば
プ・ラ・ス

「手を口の前に広げましょう」

手を口の前に広げさせます。息が手に当たっているかを感じさせるのです。まずは口からすぐ近くに。これでも、口を大きく開けてしっかり息を吐いて話さないと、手に息を感じません。感じたら手と口の距離を離していきます。

33

ねらい

スラスラ音読できるようにする。

音読

「読んでいる先の文字を見ましょう。」

こんな場面で

・スラスラ音読する方法を教える際に。
・たどたどしく音読する子に個人指導する際に。

NGことば

スラスラ読みましょう。

つっかえてはいけません。

指導ことばの使い方

音読はスラスラとするのが基本です。しかし、クラスに何人かは必ず、たどたどしくしか読めない子がいます。

そんな子たちに対して、「もっとスラスラ読みましょう」などと指示しても、できればとっくにしていますし、できないからたどたどしく読んでいるわけです。

そこで、スラスラと読む「読み方」を指導することを意識しましょう。私は、野口芳宏先生の「目ずらし」の御実践（明治図書出版『教育科学国語教育』二〇〇二年六月号「音読の技術を「指導」しよう」）を参考に、今自分が読んでいる先の文字をどんどん見るようにさせています。我々大人も、スラスラと文章を音読する際、**今読んでいるところよりも目は先の文字を見ている**はずです。これを子どもに教えていくのです。

指導ことばのコツ

●言葉で指導するだけでなく、体感させてあげることが重要です。「先生の指を目で追うんだよ」と言って、口で読んでいるところよりも先を指で指していきます。初めは戸惑いますが、徐々に慣れていきます。

指導ことば プ・ラ・ス

「目に口が追いついてしまうと、つっかえるよ」

とにかく目を先に先にもっていくことが重要です。そのため、口で言っているところが目に追いつかないように声をかけ続けます。

ねらい

音読の意義を伝える。

音読

こんな場面で

・年度初めなどに、音読の意義について子どもに伝える時。

「音読が上手い人は、文章を深く読めます。」

NG ことば

音読は大切です。

たくさん音読しましょう。

音読、頑張りましょう。

指導ことばの使い方

単に「やれ」と言うのでは、なかなか子どももやる気になりません。**今取り組んでいることが将来どう役に立つのかを知ると、取り組む姿勢が変わってくるものです。**

高学年になればなるほど、音読という一見単純な学習には興味を示さなくなります。そこで、音読の意義を伝えるのです。音読は読解の基礎となります。犬塚美輪先生は「国語教育における自己調整学習」（自己調整学習研究会編『自己調整学習』（二〇一二）北大路書房）の中で、低学年においては、「読み上げるスキル」が最も重要だということを示しています。この時期に文字や文章を流暢に「読み上げるスキル」をしっかり身に付けることは、後に、「読解力」に繋がるという知見も紹介しています。

このことを子どもたちに伝えると同時に、保護者にも学級通信等で伝えるとよいでしょう。

指導ことばのコツ

- 子どもたちに音読の仕方を指導する一方、このようにその「意義」も伝えていくようにしましょう。すると、子どもたちのやる気も継続していきます。
- 保護者に伝える際、上のように文献名なども併せて伝えるとより効果的です。

指導ことば
プ・ラ・ス

「音読もできなくて、深く読み取ることができると思いますか」

少し冷静に考えれば分かることです。音読すら流暢にできないのに、細かい心情の変化など読み取れるわけはないのです。

話す　聞く　書く　音読　漢字　読む

ねらい

音読の際、声の高低を使い分けられるようにする。

音読

こんな場面で

・年度初めでの詩の授業の際。
・初めての物語の授業の際。

「題名は高く、作者は低く読むとカッコいいよ。」

NG ことば

上手に読みましょう。

心を込めて読みましょう。

大きな声で読みましょう。

指導ことばの使い方

著名な言語学者であった金田一春彦氏によれば、日本語は、強弱ではなく、高低で使い分けられているそうです（『日本語の特質』ＮＨＫブックス、一九九一年）。

例えば、「雨」と「飴」。強弱をつけることで言い分けるというよりは、「あめ↑」と「あめ↓」といったように、音の高低で差をつけて言い分けています。

このように、**日本語においては、高低の差を使い分けるのは非常に重要**なのです。子どもたちに、しっかり声を出すことを意識させると必ず「低↓高」になります。そんな状況が見られたら、「とても声が出ていていいね。でも下手なところが一つある。なんだと思う？」と考えさせましょう。

そして、教師が「高↓低」で読んで聞かせた後、練習をさせるとグッと上手になります。その成長を実感させるのです。

指導ことばのコツ

●「高↓低」で読めるようになって、かっこよく読めるようになったことを実感させましょう。

まずは、一年生がよく「ありがとうございました↑」と最後に高く言うことを思い出させます。

その後、「高↓低」で読む練習をさせ、みんなで読んでみます。たった五分で声が変わったことを大いにほめ、成長を実感させましょう。

指導ことば プ・ラ・ス

「文も同じです。始まりは高く、終わりは低く」

題名を高く、作者を低く読ませるのは、文を「高↓低」で読む練習にもなっています。題名を上手く読めたら、今度は文を読む時にも波及させていきましょう。

指導ことば

36

ねらい

スラスラ音読する際の基準をもたせる。

音読

こんな場面で

・スラスラ音読をさせる際。

「日本で一番音読が上手いのは誰でしょう。」

NG ことば

スラスラ読みましょう。

素早く読みましょう。

上手に読みましょう。

指導ことばの使い方

スラスラ音読できる力は非常に重要です。先にも述べましたが、流暢に「読み上げるスキル」は、その後の読み取る力にも繋がるからです。

さて、「スラスラ」と一口に言っても、その基準はどれくらいなのでしょう。基準を示さなければ、子どもは自分がどれくらいできているのか分からず、ノッてきません。

そこで、この指導ことばです。このように尋ねると、子どもは真剣に考えます。正解は、「NHKアナウンサー」です。これを教えるだけでも、家に帰って、NHKのニュースを見て、「これくらいのスピードで読めばいいのか」と基準をもつことができます。

また、指導ことば＋にあるように、「一分間に三〇〇文字読む」ということを教えてあげ、実際にやってみるとより効果的です。

指導ことばのコツ

- 実際にNHKのアナウンサーがニュースを読んでいるところを映像で見せるのもよいでしょう。
- 「一分間で三〇〇文字」を体感させるため、実際に一分間をはかって、自分が何文字読んだかを数えさせると、より子どもの中で「スラスラ」が具体的になります。

指導ことば プ・ラ・ス

「NHKアナウンサーは一分間に三〇〇文字を読んでいます。みんなもできるかな」

「三〇〇文字」という数字を与えることで子どもたちの中で「スラスラ」の基準がより明確になります。

話す 聞く 書く 音読 漢字 読む

指導ことば

37

ねらい

正しく音読する際の基準をもたせる。

音読

こんな場面で

・正しく音読させる際。

「句読点だけで休みます。それ以外は一息で読みます。」

NGことば

正しく読みましょう。

注意しながら読みましょう。

間違えずに読みましょう。

指導ことばの使い方

「正しく読みましょう」ということが音読指導でよく言われます。この場合の「正しく」とは、文字を間違えずに読むということのみを指して言われていることがほとんどだと思います。

文字を間違えずに読めるというのでは、物足りません。それに加えて、**「区切り方」も正しく読ませたい**ものです。

正しい音読は、句読点だけで区切ります。それなのに教師ですら、自分の好きなところで区切っている現状があります。ということは、普通の教室には、「区切り方」における正しさは存在していないということです。これでは子どもが音読に対してだらけます。そうではなく、初めのうちは、句読点だけで区切れる、ということを「正しさ」として指導するのです。そうするだけで、句読点まではスラスラ一息で読まなくてはいけなくなり、子どもが真剣に取り組むようになります。

指導ことばのコツ

●まずは、教師がやってみせます。たまに教科書の文章でも、句読点までが異様に長い文もありますが、そこも意地で一息で読みきります。これを指導しておくと、スラスラ読まざるを得なくなります。結果的に子どもの音読がスラスラになっていくという効果もあります。

指導ことば
プ・ラ・ス

「一息で読むにはどうする？」

一息で句読点までしっかり読むには、いろいろな要素が必要です。「漢字の読みを完璧にしておく」「目をどんどん先にずらす」などのことを考えながら読まなくてはなりません。それらのことの意識化も図りましょう。

指導ことば

38

ねらい

句読点まで一息で読めるようになった後、相手が聞きやすいように区切ることで、文章の意味について深く考える。

音読

こんな場面で

・句読点まで一息で読めるようになってきた次の段階として指導する。

「今度は、聞いている人が分かりやすいところで区切ってごらん。」

NGことば

（最初から）聞いている人が分かりやすいように読むんだよ。

指導ことばの使い方

句読点まで一息で読めるようになってきたら、今度は、「聞いている人が分かりやすいように」という観点を与えて、自分で区切らせていきます。

やはり、「句読点まで一息で」だと長すぎる時もあり、機械的で、聞いている人のことを考えていないからです。

しかし、だからといって、初めから「聞いている人が分かりやすいように」という観点を与えて、自分で区切らせても、読み込めてもいないのでよく考えずに区切ることになってしまいます。

一方、「句読点まで一息で」にしっかり取り組んだ後に区切らせると、自分で「**こんなに一息で読んで、聞いている人は分かるのかな**」という問題意識が芽生え、よく考えて区切るようになります。しかも、読み込めているので、意味が伝わりやすいように考えて区切れるのです。

指導ことばのコツ

●必ず「句読点まで一息」ということをクリアしてから、行いましょう。「句読点まで一息だと長いところがあるな」→「区切ろう。どこで区切ろうか」という思考の流れにすべきです。初めから区切らせると、「長いな。とりあえず読んで、苦しくなったら区切ろう」という思考になり、考えずに区切ってしまいます。

指導ことば
プ・ラ・ス

「誰の区切り方が一番分かりやすいかな」

区切り方を考えさせた後、何人かに読ませます。そして、比べさせ、誰の読み方が一番聞いている人に伝わりやすいかを考えさせることで、文章の意味を読み取ることにつながります。

話す
聞く
書く
音読
漢字
読む

「漢字」

漢字の「学習の仕方」を教える！

漢

漢字が苦手だという子が多くいます。

そのような子どもたちに対して、有効な指導ができているでしょうか。

「とにかくたくさん練習するしかない！」

とノートにひたすら書かせるような指導しかできていないのが実状ではないでしょうか。苦手な子にたくさん書かせても、非常に結果が出にくいものです。場合によっては間違えて練習してしまい、字を間違えて覚えてしまうことなどもあります。

このようにして、子どもは漢字学習が大嫌いになります。

漢字指導において最も重要なことは、「学習の仕方」を教えてあげることです。

そうするには、教師の中で漢字の効率のよい学習の仕方について考えを明確にしておかなくてはいけません（漢字指導に関する考え方については拙著（二〇一九）『クラス全員が熱心に取り組む！漢字指導法』（明治図書出版）をご覧ください）。

「学習の仕方」をきちんと教えてあげさえすれば、漢字は、子どもたちが自分で学習することができます。

例えば、指導ことば39「漢字を書けるようになるために一番初めにすべきことは？」では、漢字を学習する際には、まず読めるようになることを最優先して取り組んでいくことが重要だということを教えています。

そして、具体的に読めるようになる方法を教えてあげます。

私の場合は「漢字ドリル音読」です。このように学習の仕方を知った子はどうなるでしょうか。自分一人で、黙々と音読の練習をするようになり、結果、読みが完璧になるのです。

漢字は、読みが完璧になっていれば、書く練習を少しすれば書けるようになります。それに対して、多くの教師は、漢字を読めるようになること、書けるようになることを同時に指導しているから、苦手な子にはどちらも達成されないのです。

このように、**指導ことばを活用して漢字の「学習の仕方」を教えていきましょう。**

話す　聞く　書く　音読　漢字　読む

ねらい

漢字の習得の仕方を指導する。

こんな場面で

・年度初めの漢字指導のスタートの時。

「漢字を書けるようになるために一番初めにすべきことは？」

NGことば

とにかく練習しなさい。

ノートにたくさん書きなさい。

指導ことばの使い方

「漢字学習」というと、漢字ドリルや漢字ノートにひたすら「書く」というイメージがありませんか。

教師の側にもこのようなイメージがあるから、漢字を覚えさせるためには、とにかく書かせるしかない！　と思って、書かせるという現状があります。

しかし、漢字習得は「書く」ということだけでは成立しません。**まずは、「読め」なくては、書けるはずがない**のです。

本当に漢字が苦手な子は、そもそも読めていません。だから、何度書かされようが、書けるようにならないのです。

そこで、漢字学習のスタートを「読み」だと指導します。そして、全員が漢字を読めるような活動を年度初めに取り入れていくのです。

指導ことばのコツ

●漢字を書けるようになるために一番初めにすべきことは、「読み」だということ伝えた後、具体的な活動もセットで示すことです。私の場合、「漢字ドリル音読」を推奨しています。詳しくは拙著（二〇一九）『クラス全員が熱心に取り組む！漢字指導法』（明治図書出版）などをご覧ください。

指導ことば プ・ラ・ス

「読めないと書けません。読めたら、一歩前進です」

読めないと書けるようになるわけがありません。子どもにとって漢字学習は「書ける」ということに重きを置いている節がありますが、「読める」ということの価値を再認識させましょう。

「書き順はなぜ重要なの？」

ねらい

書き順の大切さを教え、体で漢字を覚えることを意識させる。

こんな場面で

- 漢字ドリルの進め方を指導する際。
- 子どもが書き順の重要性を知らない時。

NGことば

書き順通り書きなさい。

書き順が違います。

書き順は違ってもいいです。

指導ことばの使い方

このように聞かれたら、どのように答えるでしょうか。私は、書き順が漢字を覚える上で重要だと考えています。

そして、「書き順そのもの」よりも、**「書き順通り毎回同じ順番で練習すること」が、書けるようになる上で重要**だと考えます。

それは、「毎回同じ順番で書くこと」によって、頭だけでなく、体で漢字を覚えることができるからです。

頭のみで覚えた記憶よりも、体の記憶、つまり運動の記憶の方がより長く残ることが脳科学の知見からも明らかになっています（早稲田大学教育総合研究所監修（二〇一〇）より）。

書き順通り書こうという意識をもたせると、結果的に漢字をより覚えることに繋がるのです。それをきちんと子どもに伝えることで、子どもも書き順を大切にするようになります。

指導ことばのコツ

●書き順を「一、二、三……」と声に出させながら、書かせるとより効果的です。自分の声と体の動きがセットで記憶されていき、より強化されるからです。書き順を声に出して空書きすることをどんどんさせましょう。

指導ことば プ・ラ・ス

「自転車にしばらく乗らなかったら、乗れなくなりますか？」

答えはもちろんNOです。つまり、運動の記憶の方が残っているということです。漢字も、頭で考えずとも体が書き順通り動いている、という状態になってしまえば勝ちなのです。

ねらい

覚えやすい漢字練習の仕方を理解する。

漢字

こんな場面で

・漢字練習ノートの使い方を指導する際。

「横に練習していきなさい。」

NG ことば

たくさん書きなさい。

覚えるまで書きなさい。

縦に書いていきます。

指導ことばの使い方

漢字練習ノートで、縦に同じ漢字を何度も何度も練習させていませんか。

実は、縦に何度も何度も書かせる方法は非効率です。これは、福嶋隆史氏も『国語って、子どもにどう教えたらいいの？』（大和出版、二〇一七）において指摘しています。

縦に何度も書かせると、字形が崩れて間違えて覚える危険性があります。これは苦手な子ほど陥りがちです。また、縦に同じ漢字を書き続けるので、ほぼ無意識の「作業」になってしまい、結果的に覚えられません。

そのため、福嶋隆史氏も主張していますが、縦ではなく、**一つ書いたら横に移動し、練習していく**のです。すると、毎回別の漢字を書くことになり、間に「忘れる」ので、毎回それを「思い出して」書くことになり、結果的に記憶が強化されます。

指導ことばのコツ

●実際にノートの使い方を教師が黒板に書いて示すなどして、イメージさせることが重要です。子どもたちは、「漢字ノートは縦に書くもの」という固定観念があるので、丁寧に説明していく必要があります。詳しい練習手順は拙著をご覧ください。

指導ことば
プ・ラ・ス

「書けない漢字を練習します」

全ての漢字を練習させません。自分が書けない漢字を見つけさせることが重要です。それを意識的に練習するようにするのです。教師が一方的に課しては、子どもは自立しません。

話す
聞く
書く
音読
漢字
読む

指導ことば

42

ねらい

漢字が「書けた」だけで満足している子に、「使える」ように学習しようという姿勢を育てる。

漢字

「その漢字が入った熟語、三つ言ってみて。」

こんな場面で

・子どもが一〇〇点を取った時。
・子どもが「書ける」ようになった後。

NG ことば

使い方も練習しましょう。

たくさん熟語を知りましょう。

指導ことばの使い方

漢字は、「使えて」ナンボのものです。しかし、現在の学校教育では、「書け」ればよしとされています。

例えば、小テストなども、前日に問題が予告された上で翌日に「書け」ればよしとされています。これでは、**漢字の形を覚えて、それを再現できさえすればよい、とされているのと同じ**です。子どもは予告された小テストの出題のされ方で（例えば「じょう報」の情）しか覚えません。他の使い方まで目がいかないのです。

ですから、漢字の形を覚えて「書ける」ようになった程度では子どもを満足させてはいけないのです。

小テストで一〇〇点を取っていい気になっているような子に、この指導ことばを使ってみましょう。きっと漢字学習への姿勢が変わってきます。

指導ことばのコツ

● 「書ける」子に対して使うというのがコツです。漢字ドリルをチェックする際などにも使えるでしょう。

● あえて、クラス全体に聞こえるような声で尋ねてみましょう。他の子たちにも「あんなこと聞かれるのか！」と影響を与えられます。

指導ことば プ・ラ・ス

「すごい、言えるんだね。じゃあ、どんな意味？」

きっと熟語を三つ、と言われて初めからパッと答えられる子はなかなかいません。慣れてきて熟語を三つパッと言える子には、その意味も尋ねましょう。どんどん鍛えていきましょう。

指導ことば

43

ねらい

送り仮名の規則に気付かせる。

こんな場面で

・漢字の送り仮名の規則を指導する際。

「なぜこの送り仮名なの？」

NG ことば

この漢字の送り仮名は○○です。

送り仮名を覚えましょう。

漢字

指導ことばの使い方

漢字指導で意外と難しいのが送り仮名の指導です。子どもたちもテストで正しく漢字を書けても、送り仮名を間違えるミスをよくします。

送り仮名を漢字ごとに逐一教えていたのでは、子どもは機械的に覚えるしかなく、全部覚えるのは難しいでしょう。しかし、送り仮名の付け方には規則があるので、それを指導するのです。つまり、**なぜその送り仮名になるのか、を教える**のです。

例えば、「変」という漢字を例にしましょう。「変」の訓読みは「かわる」と「かえる」があります。これがそれぞれ送り仮名が「る」だけだと仮定すると、「かわる」も「かえる」も表記上は「変る」になってしまい、見分けがつかなくなってしまいます。このような送り仮名の理由を分かりやすく教えれば、子どもはその考え方を他の漢字にも応用できるようになるのです。

指導ことばのコツ

●実際に黒板に例を書きながら説明するとよいでしょう。「変」の場合、「かえる」と「かわる」を横に並べて書きます。そして、「える」と「わる」が送り仮名にならないと、同じ表記になってしまうことを説明します。

指導ことば
プ・ラ・ス

「いくつか並べてみると分かります」

より具体的な指示です。「かえる」と「かわる」を横に並べて、上から見ていって、「わ」と「え」のところから違うので、ここから送り仮名を付けるということを説明します。

話す
聞く
書く
音読
漢字
読む

子どもたちの固定観念を覆せ！

下手な授業をすると、子どもたちが最も退屈してしまうのが「読むこと」の授業です。

子どもたちは基本的に物語などを読むのが好きなはずです。それなのに、教師が「この時の○○の気持ちは？」を連発して、挙句の果てに、「どの考えもいいね」などと授業をすると、子どもはものすごく意欲をなくしてしまいます。

しかし、このような授業は往々にして行われています。このような授業が繰り返されると、できる子数人だけで授業が進められ、他の子は置いてけぼりになります。そして、子どもたちにとっては、それが日常になってしまいます。これでは子ども意欲が高まったり、力が付いたりするわけがありません。

また、根拠や理由を求めようとする授業でも、子どもたちが、「～～と書いてあるからです」が理由になっていると本気で思い込んでいる場合も見受けられます。指導する立場の教師も思い込んでいる場合があります。「○○だと思います。～～と書いてあるからです」と説明するのは、「なぜ～～と書いてあると○○だと言えるのか」を説明しておらず、相手に考えさせている「甘え」です。よくよく考えていくと「○○」と「〜〜」は結び付かないかもしれません。「〜〜と書いてあるからです」を許していては、子どもの論理的思考力は伸びませんし、何より文章をしっかり読み取る力も付かないのです。

このような問題点を踏まえ、「読むこと」の指導では、**指導ことばを使って、子どもたちの「読むこと」対する固定観念を覆すこと**を意識しましょう。

例えば、指導ことば44「国語には不正解があります」では、「全て正解」になりがちな国語の授業を、根拠と理由を検討しながら「不正解」を潰していくものに一変させます。

一見、子どもの意見が「不正解」として潰されるのは、子どもはやる気を失いそうに見えます。

しかし、現実は逆です。「音読編」でもそうであったように、「基準」があった方が子どもは燃えるのです。「全て正解」の授業ではろくに本文を見返しもしなかった子どもたちが、教科書を何度も読み込みながら自分の意見の根拠を探すようになります。

また、指導ことば46『「〜〜と書いてあるからです」は理由になっていません』では、「理由と根拠を区別して考える力」を付けさせます。

指導ことばを用いて「〜〜と書いてあるからです」は理由になっていないことを教え、具体例を出すなどして「意見」「根拠」「理由」の三点を説明しましょう。きちんと理解させれば、すぐに子どもはこの三つを意識して使い分けるようになります。すると、本文をしっかり読んで根拠を拾い、意見との理由付けを考えるようになるのです。結果、確かな力が付きます。

このように、退屈になりがちな「読むこと」の授業では、指導ことばを使って、子どもたちの固定観念を覆していきましょう。

指導ことば

44

ねらい

読みの理由や根拠をしっかり検討しようとする態度を伸ばす。

読むこと

国語には不正解があります。

こんな場面で

・たくさんの意見（読み）が出された後。

NGことば

全部いい考えだね。

どれも正解だね。

指導ことばの使い方

「国語には正解がない」と考えている先生も多くいらっしゃいます。子どもも「国語には正解がない」と考えてしまっても無理はありません。しかし国語には、一つではないかもしれないものの、正解がある場合もあります。

例えば、「この時の中心人物の行動について、どう思いますか」という発問には正解はありません。むしろ、多様な考えが出されることこそ、授業の成功です。一方「この時、中心人物の心情はなぜ変化したのでしょう」という発問には、正解はあります。一つきりの正解というわけではありませんが、少なくとも不正解はあるのです。

文章や文脈から外れることは不正解です。それなのに、「どの考えもいいね」と認めてしまうから、**逆に子どもはやる気をなくしてしまうのです。**どれが不正解かを見極めさせる時、子どもは根拠を文章から探すようになります。

指導ことばのコツ

●まずはたくさんの意見を出させることです。その後、一つひとつの意見を検討する時間をつくります。ここがポイントです。意見の理由や根拠を検討するのです。そうすることで不正解は淘汰されていき、正解と言えるものが残っていくのです。その過程で読みの力が育ちます。

指導ことばプ・ラ・ス

「今回は、正解ある？ない？」

子どもが育ってきたら、発問をして話し合う前に、今回の問いには正解があるかを尋ねます。それを踏まえると話し合う姿勢が変わります。正解がない場合は多様さを、正解がない場合は厳密さを求めて話し合いに参加するのです。

指導ことば

45

ねらい

物語文において、物語の設定を確認していく際に、機械的な作業にならないように、考えさせる。

読むこと

「登場人物は重要だと思う順に並べてごらん。」

こんな場面で

・単元の初めの方、物語の設定を確認する際に。

NGことば

人物は？

誰が出てきましたか。

人物を書き出しましょう。

中心人物はみんな初めに書いたとしても、その次に**重要だと思う人物は、クラス全員が同じになることはあまりない**と言っても過言ではありません。なぜ順に並べたのか理由を語り合うことで、一人ひとりの読みを交流することもできます。

指導ことばの使い方

「物語の設定」とは物語の「人・時・場所」の三要素（いつ・どこで・だれが・何をしたの四要素とする考え方もあります）のことです。物語の基礎となる要素のことです。

単元の初めの方に必ず物語の設定を確認する場面があると思います。この時、ただノートに書き出させたり、教科書に線を引かせたりするだけでは、子どもに考えさせることはできません。

ノートに書き出させる際に、「重要だと思う順」に並べるよう指示するだけで、子どもは考えます。そして、発表させると、必ず「ズレ」が生じるのです。

指導ことばのコツ

●「物語の設定」についてしっかり指導した後に指導ことばを使うようにしましょう。登場人物を書き出すことにそろそろ飽きてきた頃に、少しレベルアップの意味で使うと、子どもたちはよく取り組みます。

指導ことば
プ・ラ・ス

「人物相関図にしてもいいですよ」

「重要だと思う順」に並べるのにも慣れてきたら、人物相関図にさせてみましょう。これを作成すると、かなり登場人物同士の関係が見えてきます。高学年では積極的に取り入れるとよいでしょう。

話す
聞く
書く
音読
漢字
読む

≫ ねらい

理由と根拠を使い分けるようにさせる。

こんな場面で

・子どもが自分の考えの理由として「〜〜と書いてあるからです」と言った時。

「〜〜と書いてあるからです」は理由になっていません。

NG ことば

なるほど。

確かに、書いてあるね！

「〜〜」だと思ったからです。

指導ことばの使い方

意見を言わせる際、理由と根拠を一緒くたにしてしまっていませんか。

この二つを分けて考えると、子どもに考える力をしっかり付けることができます。**根拠は、基本的には叙述（事実）です。そして理由は、根拠と意見との間をつなぐものとなります。**

例えば、「大造じいさんとガン」で、大造じいさんの心情の変化について話し合うとします。「大造じいさんは徐々に残雪の知恵を侮れないと思うようになっている」というのが意見に当たります。「大造じいさんは感嘆の声をもらしてしまいました」という叙述が根拠になり得ます。しかし、この叙述をもって「理由」とは言えないのです。「感嘆の声というのは、優れた行動に対する感心した声のことで、普通は相手のことを馬鹿にしている時にはもらさないから」というように、説明しないと理由付けになりません。

指導ことばのコツ

●「〜と書いてあるから」という発言が出た時が指導すべき時です。「根拠」と「理由」の違いを分かりやすく説明しましょう。例を出すといいでしょう。「私は傘を持って家を出る」の根拠を「天気ニュースで降水確率50％」、理由付けを「経験から、降水確率50％の時は大体降るから」などと説明します。

指導ことばプ・ラ・ス

「この文の中で、どこが根拠でどこが理由？」

教師が意見、根拠、理由の三要素が入った文を黒板に書き、このように尋ねます。そして、どの部分が根拠でどの部分が理由なのかを検討していくことで、より理解を深めます。

ねらい

物語の本文を読み込んで、自分の読みをつくろうとする態度を養う。

こんな場面で

・子どもたちが物語の叙述に新たな意味を見出した時。

「たった四文字でガラッと変わるのです。」

NGことば

よく読みましょう。

細かいところに注意しましょう。

指導ことばの使い方

物語を読み取り、話し合っている際、物語全体に関わるキーワードに着目し、素晴らしい意見を発表する子がいます。

例えば、「わらぐつの中の神様」で、「本当にマサエは神様がいることを信じたのか」という話題で話し合っている時、最後の場面でマサエがおばあちゃんの雪げたを「かかえて」おじいちゃんを迎えに行ったという叙述から、「かかえて」と「持って」では、「かかえて」の方が物を大切そうにしている、というような意見が出たとします。この時、「かかえて」を「持って」と比較することで、中心人物であるマサエの心情の変化が如実に現れてくるのです。このような読みが出された後、指導ことばを使います。恐らく物語全体は数千字でしょう。それに対して今回は「かかえて」という四文字です。この対比から、子どもは細かいところまで着目するようになるのです。

指導ことばのコツ

●「物語全体は何文字くらい？」「それに対して今日考えたのは何文字？」と対比させましょう。

●実感させなくては意味がない指導ことばです。言葉だけでは意味がありません。子どもから、叙述に即した深い読みが出された時、すかさず教師がこのように価値付けることで、実感の効果が数倍になります。

指導ことば
プ・ラ・ス

「それが面白いのです」

物語の醍醐味は自分で言葉と言葉とを繋げて解釈していき、文脈を紡ぐところにあると思います。その面白さにぜひとも気付かせたいものです。教師がその面白さをつかみ、伝えていきましょう。

指導ことば

48

ねらい

説明文の構造をつかませる。

読むこと

「一番具体的なのはどこ？一番抽象的なのはどこ？」

こんな場面で

・文章の構造や大体をつかむ時。

NGことば

どんな構造になっているかな。

文章の大体をつかもう。

指導ことばの使い方

説明文指導の際、「文章の構造をつかむ」という言い方をよくします。しかし、それは具体的に言うとどんなことをすることなのか、指導する教師がよく分かっているでしょうか。

「問いと答え」「○○括型」なども重要ですが、私はそれらに並んで、「具体」と「抽象」をつかむことが説明文指導において重要だと考えます。

例えば双括型の文章であれば、「抽象→具体→抽象」となります。これは段落相互の関係ですが、実は、段落の中にも「具体」と「抽象」が存在しています。「中心文」と呼ばれる文が「抽象」であり、より具体的な例などの文が「具体」になります。「どこが一番具体的（抽象的）か」を考えさせれば、文章の構造理解に繋がるのです。

これらをつかんでいくと、基本的に**説明文は「具体」と「抽象」で成り立っていることが認識され、説明文を見る目が養われていく**のです。

指導ことばのコツ

「具体」と「抽象」についてしっかり指導しておくことが求められます。場合によっては、「みかん、バナナ、りんごが具体」で、「果物が抽象」などと例を出しながら指導すると効果的です。繰り返し指導し、確実に定着させましょう。

指導ことば プ・ラ・ス

「もっと抽象的なところがあるよ」

文章の中だけで一番抽象的なところを探すと、きっと初めや終わりの段落の筆者の主張の文に行き着くでしょう。しかし、もっと抽象的なところがあります。それは「題名」です。このように指導すると、今までの学習が繋がります。

話す
聞く
書く
音読
漢字
読む

≫ ねらい

説明文の事例を読み取る際、より思考を活性化させながら読み取らせる。

「表は何段にしたらいいですか。」

こんな場面で

・説明文の事例を表にまとめる際。

NG ことば

しっかり読みましょう。

この表の空いているところを埋めましょう。

指導ことばの使い方

説明的文章を読解する際、事例を表にまとめる活動が、必ずと言っていいほど「学習の手引き」に示されています。表にまとめる活動は、事例の内容を読み取る上で重要です。しかし、「学習の手引き」にあらかじめ書かれている表をそのまま使用していては、なかなか子どもの読む力や考える力は高まっていきません。

そこで、表自体の作成も子どもに任せてみましょう。すると、**表を何段にするかということは、事例がいくつあるのかなどを考えながら、しっかり読み込まなければいけなくなります。**

単調になりがちな「学習の手引き」の活動も、少し工夫するだけで、子どもたちがよく考える活動に変換できるのです。

指導ことばのコツ

●低学年のうちは、あらかじめ用意された表に、情報を書き抜いていく活動に慣れさせることが重要です。この段階を飛ばして、いきなり表を作成させるのは難しすぎます。

指導ことば プ・ラ・ス

「項目の名前はどうする？」

「何段にするか」ということを考えさせると、事例の数に着目させられます。「項目の名前」を考えさせると、事例同士の共通項に着目させ、抽象的にまとめる力を付けることができます。

指導ことば

50

ねらい

国語を学習している意味を再認識させる。

読むこと

こんな場面で

・学年便りなど、比較的子どもたちの生活に関わりのある手紙や社会科見学のしおりなどを配った後。

「（学年便り等を配り）自分で読みなさい。そのために国語を勉強しているのです。」

NGことば

おうちの人と読みましょう。

先生が大事なところを説明します。よく聞きなさい。

指導ことばの使い方

国語科を学習する目的は「言葉の力を付ける」ことです。言葉を読み、書き、話し、聞く力は、人間として生活をしていく上で欠かせない力でもあります。

現代人は、毎日これらの言語活動をして生活しています。結局のところ、国語科の学習は、子どもたちを自分の力で文章を読んだり話を聞いたりして情報を受け取り、自分の力で文章を書いたり話をしたりして、社会で生きていけるようにしていく学習なのです。

そのため、自分で読み取れることは自分で読み取らせます。手紙を配り、自分で読む時間をとるのです。学年便りを配る時などは、書いてあることから情報を受け取り、自分の生活に生かしていく、格好の機会なのです。

指導ことばのコツ

●しっかり自分一人で読む時間をとることです。そうすれば、一ヶ月の見通しも自分で立てられますし、持ち物なども把握することができます。もちろん、教師が全員に伝えなくてはいけない内容などは、一人で読ませた後、教師が再度確認しておきましょう。

指導ことば プ・ラ・ス

「質問のある人？」

よく読んでいる子ほど、質問をどんどんしてきます。例えば、社会科見学のしおりを配った際、「迷子になった場合は学校に電話すること、と書いてありますが、電話番号が書いてありません。教えてください」などという質問が出ます。

あとがき

私の専門教科は国語科です。専門領域は「読むこと」です。大学院でも読むことに関する指導法や読む力について研究してきました。

ですが、もっと専門としてなくてはいけないと思っているのが「子どもを育てること」です。

どのように働きかけたら、子どもはやる気をもって前向きに学習するようになるのか。

このことについてつき詰めて考え、国語科での言葉かけに絞って厳選したのが本書で紹介している「指導ことば」です。

本書を手に取ってくださった先生方の目の前の子どもたちが、やる気をもって国語の学習に取り組むようになってくれれば、幸甚の至りです。

おわりに、本書執筆に際して御尽力頂いた方々に深く感謝いたします。

まず、本書執筆のきっかけを頂き、なおかつ「国語科指導ことば」とネーミングして頂いた、筑波大学附属小学校の桂聖先生、本当にありがとうございました。桂先生とは、私が大学生の時に初めてお目にかかりました。桂先生が代表をされていた「国語授業のユニバーサルデザイン研究会（現・日本授業UD学会）」に参加させて頂いた時のことです。一学生である私にも、丁寧に声をかけてくださる桂先生のお優しさが、強烈に印象に残っています。月日が経ち、私は授業UD学会とは少し違う方面で活動をしていますが、桂先生は、変わらず今も私に対して温かな激励をしてくださり、本当に感謝しています。献本させて頂くと、すぐに御感想をメールでくださります。桂先生は、私の大学院時代の恩師である長崎伸仁先生から薫陶を受けられた、「大先輩」です。そんな「大先輩」の背中はまだまだ見えず、むしろ遠くなっていく一方です。しかし、私は私のできること、すべきことに着実に取り組んで、子どもたちを育て、力を付け、国語教育界を盛り上げていきたいと思っています。それが桂先生の私に対するご期待であると思いますし、私たちの共通の恩師である長崎伸仁先生のご期待であると思っております。本当にありがとうございました。そしてこれからもよろしくお願いいたします。

そして、本書の執筆に関して助言を頂いたり、励ましてくださったりした大竹裕章さん。頭脳明晰で、研究会でお会いする度、国語教育や現在の教育界についての話で盛り上がり、歳も近いことから「この人とはずっと一緒に仕事をしていくのだろうな」と思っていたのですが、ご退職となり寂しい気持ちでいっぱいです。しかし、ご退職の間際まで本書に関して助言と熱いメッセージを頂き、本当にありがとうございました。新天地でのご活躍を心よりお祈り申し上げます。

最後に東洋館出版社の刑部愛香さん。途中での担当者交代となり、多大なご苦労をおかけしたと思いますが、大竹さんのおっしゃる通りの方で、私の考えや書き方を理解してくださり、適切に助言頂きました。深く感謝します。ありがとうございました。

土居正博

参考文献一覧

- 青木幹勇（一九八九）『音読指導入門』明治図書出版
- 井上尚美（一九八三）『国語の授業方法論―発問・評価・文章分析の基礎』一光社
- 井上尚美（二〇〇五）『国語教師の力量を高める』明治図書出版
- 市毛勝雄（二〇〇二）「音読のねらいは進化している」『教育科学国語教育』六月号
- 岩下修（一九八八）『AさせたいならBと言え』明治図書出版
- 岩下修（二〇一八）『国語力を高める究極の音読指導法&厳選教材』明治図書出版
- 大西忠治（一九八八）『発問上達法』民衆社
- 大村はま（一九七三）『教えるということ』共文社
- 大村はま（一九九四）『教室をいきいきと1・2』ちくま学芸文庫
- 大村はま（二〇〇六）『日本の教師に伝えたいこと』ちくま学芸文庫
- 大前暁政（二〇一一）『必ず成功する！　授業づくりスタートダッシュ』学陽書房
- 大前暁政（二〇一三）『プロ教師直伝！　授業成功のゴールデンルール』明治図書出版
- 岡篤編著（二〇〇二a）『書きの力を確実につける』明治図書出版
- 岡篤（二〇〇二b）『これならできる！　漢字指導法』高文研
- 香月正登（二〇一七）『考える力をぐんぐん引き出す指導の要点と技術』明治図書出版
- 桂聖（二〇一一）『国語授業のユニバーサルデザイン』東洋館出版社
- 吉川芳則編著（二〇一二）『説明文の論理活用ワーク　低学年編』明治図書出版
- 金田一春彦（一九九一）『日本語の特質』NHKブックス
- 小林一仁（二〇〇二）「漢字の学習指導」全国大学国語教育学会編『国語科教育学研究の成果と展望』明治図書出版 pp.334-339
- 国語教育研究所（所長輿水実）編著（一九七一）『漢字の読み書き分離学習』明治図書出版
- 西郷竹彦（一九九一）『ものの見方・考え方』明治図書出版
- 西郷竹彦監修（二〇〇五）『新国語教育事典』明治図書出版 p11
- 自己調整学習研究会編著（二〇一二）『自己調整学習』北大路書房
- 白石範孝編著（二〇一四）『国語授業を変える「漢字指導」』文溪堂
- 杉渕鐵良（二〇一一）『子どもが授業に集中する魔法のワザ！』学陽書房

●杉渕鐵良（二〇一〇）『子ども集団を動かす魔法のワザ！』学陽書房
●杉渕鐵良・ユニット授業研究会編著（二〇一四）『全員参加の全力教室』日本標準
●高橋俊三監修（二〇〇一）『音読で国語力を確実に育てる』明治図書出版
●筑波大学附属小学校国語教育研究部編著（二〇一六）『筑波発読みの系統指導で読む力を育てる』東洋館出版社
●長崎伸仁（一九九二）『説明的文章の読みの系統』素人社
●長崎伸仁編著（二〇〇八）『表現力を鍛える説明文の授業』明治図書出版
●長崎伸仁・石丸憲一編著（二〇〇九）『表現力を鍛える文学の授業』明治図書出版
●長崎伸仁（二〇一〇）『新国語科の具体と展望』メディア工房ステラ
●二瓶弘行（二〇一五）『説明文の「自力読み」の力を獲得させよ』東洋館出版社
●野口芳宏（一九九八）『野口流・国語学力形成法』明治図書出版
●野口芳宏（二〇〇二）「音読の技術を「指導」しよう」『教育科学国語教育』六月号
●野口芳宏（二〇〇五）『子どもは授業で鍛える』明治図書出版
●野口芳弘（二〇〇一）『音声言語の学力形成技法』明治図書出版
●野口芳弘（二〇〇五）『作文力を伸ばす、鍛える』明治図書出版
●深澤久（二〇〇九）『鍛え・育てる　教師よ！「哲学」を持て』日本標準
●深澤久（二〇一五）「〝学び方〟を教え、『やる気』を引き出す」『教師のチカラ25号』日本標準
●福嶋隆史（二〇一七）『国語って、子どもにどう教えたらいいの？』大和出版
●堀裕嗣（二〇一六）『国語科授業づくり10の原理100の言語技術』明治図書出版
●向山洋一（一九八七）『子供を動かす法則』明治図書出版
●向山洋一（一九八五）『授業の腕をあげる法則』明治図書出版
●森田信義（一九八四）『認識主体を育てる　説明的文章の指導』溪水社
●森田信義（二〇一一）『「評価読み」による説明的文章の教育』溪水社
●山田洋一（二〇一〇）『発問・説明・指示を超える対話術』さくら社
●吉永幸司（二〇〇二）『「書くこと」で育つ学習力・人間力』明治図書出版
●吉本均（一九八六）『授業をつくる教授学キーワード』明治図書出版
●早稲田大学教育総合研究所監修（二〇一〇）『「脳科学」はどう教育に活かせるか？』学文社

著者紹介（2019年7月現在）

土居正博（どい・まさひろ）

1988 年生まれ。神奈川県川崎市公立小学校に勤務。創価大学大学院教職研究科教職専攻修了後、現職。全国国語授業研究会監事。国語教育探究の会会員。教育サークル「KYOSO' s」代表。教員サークル「深澤道場」所属。
2015 年「わたしの教育記録」（日本児童教育振興財団主催）にて「新採・新人賞」受賞。2016 年「わたしの教育記録」にて「特別賞」受賞。2018 年「読売教育賞国語教育部門優秀賞」受賞。
著書に『1 年生担任のための国語科指導法』、『初任者でもバリバリ活躍したい教師のための心得』、『クラス全員が熱心に取り組む！　漢字指導法』（いずれも明治図書出版）、『「めあて」と「まとめ」の授業が変わる「Which 型課題」の国語授業』（分担執筆、東洋館出版社）がある。

国語授業イノベーションシリーズ

INNOVATION
国語授業イノベーションシリーズ

「日本の教育を変える」という志のもと、筑波大学附属小学校教諭・桂 聖が中心になって企画するシリーズ。
『「めあて」と「まとめ」の授業が変わる「Which 型課題」の国語授業』（桂聖編著・N5 国語授業力研究会著、東洋館出版社）を原点の本とし、1 人 1 人の実践者・研究者が国語授業をよりよくするための理論や方法を提案する。

国語授業イノベーションシリーズ
子どもの「全力」を育てる 国語科指導ことば50

2019（令和元）年 8 月 5 日　初版第 1 刷発行
2020（令和 2 ）年 8 月23日　初版第 5 刷発行

著　者　土居正博
発行者　錦織圭之介
発行所　株式会社東洋館出版社
〒 113-0021　東京都文京区本駒込 5 丁目 16 番 7 号
営業部　電話 03-3823-9206　FAX03-3823-9208
編集部　電話 03-3823-9207　FAX03-3823-9209
振替　00180-7-96823
URL　http://www.toyokan.co.jp

[装幀・本文デザイン] 中濱健治
[印刷・製本] 藤原印刷株式会社

ISBN978-4-491-03748-6　Printed in Japan